U0940012

# Research on China's Food Security in the New Period

—— Integrating the Development of Industrialization, Informatization, Urbanization and Agricultural Modernization

"三农"若干问题研究系列

Research Series on "Three Rural Issues"

# 新时期我国粮食安全问题研究

## ——基于"四化同步"背景

闫琰 / 著

中国财经出版传媒集团

经济科学出版社

Economic Science Press

# 《“三农”若干问题研究系列》编委会

# 总 序

“三农”问题是农业文明向工业文明过渡的必然产物。我国是农业大国，更是农民大国，在全面建设小康社会的进程中，最艰巨、最繁重的任务在农村。“三农”问题关系党和国家事业发展全局，因此，历来是党和国家工作的重中之重，也是整个社会关注的焦点问题。近年来，我国重大政策决策连年聚焦“三农”问题，出台了一系列强农惠农政策，我国农业和农村发展取得了显著成效，粮食连年增产，农民收入也连续较快增长。但是，在“四化”推进过程中，农业发展依然滞后；城镇化快速发展的形势下，城乡差距依然非常突出；农民增收面临经济下行和农产品国际竞争力持续减弱的双重压力。农业发展现代化进程中，耕地、水等资源压力不断加大，生态环境改善要求不断提高。因此，我国“三农”问题还需要持续关注。

本套丛书从战略角度出发，从农业发展、社会主义新农村建设、农民收入以及农业科技革命等多个维度对我国“三农”问题进行了较为全面、系统、深入的探索。其中，农业发展战略研究维度，分析不同历史阶段农业的主要功能及其发展的客观条件，探讨各种农业政策的出台背景与实施效果，并对当前社会经济环境变动及其对农业的影响进行了重点剖析，提出了新中国发展 60 多年三阶段的论点，即先后经历了“粮食农业”、“食物农业”和“食品农业”；社会主义新农村建设研究维度，依据公共品供给方式、持续发展潜力、发展资金来源、区域间发展差异、要素流动状况等因素将我国社会主义新农村建设的模式归纳为政府扶持、村庄结构转变及村镇扩展三大类；农民增收研究维度，从宏观、中观和微观三个层面对我国区域间农民收入增长及差异进行深入探讨，提出了持续增加农户收入同时缩小农户间收入差异的政策建议；农业科技革命研究维度，通过剖析全球洲际引种、石化革命、绿色革命、基因革命发生、发展的内在动因，探索分析可持续发展框架下，我国农业科技革命发生、发展的推动、制约因素和进一步发展的"瓶颈"，并针对我国农业科技革命发展存在的主要问题，提出对策建议，为我国制定农业可持续发展的科技战略提供了有益参考。

本套丛书凝聚了各位作者的真知灼见，研究深入扎实，为破解"三农"难题提出了有针对性、实践性和前瞻性的建议。"三农"研究，情系"三农"，相信经过全国广大"三农"研究者持续不断的努力，定能在理论层面不断明晰问题根源，提出有效解决问题的方法和路径，为全面实现"两个一百年"的奋斗目标提供有力支撑。

编委会

2015年9月

# 前言

随着我国经济社会的发展，信息化和农业现代化的发展将会给我国粮食生产带来历史性机遇，但城镇化和工业化的快速推进也会挤占资源空间并带来消费结构的明显变化。因此，分析我国粮食安全的现状，摸清“四化”推进下我国粮食安全将会受到哪些因素影响，分析我国未来粮食安全的状况，制定我国未来粮食安全的战略目标，找到相应的战略决策，是本书的最终目的。

本书在分析我国粮食安全现状的基础上，结合“四化”的发展水平及趋势，分析了“四化”发展给我国粮食供给和需求带来的影响。在具体分析中，首先采用定性分析和统计描述对生产的影响因素进行研究，接着采用实证的方法，使用 Stata 软件，分别对单产和面积对粮食生产的“十二连增”的贡献率进行了分解，然后继续将单产分解为结构调整和绝对单产。其次对粮食的消费变化进行了研究，并利用主成分分析法研究了影响粮食消费的最重要因素。在此基础上，本书对未来粮食的生产和消费情况进行了预测，并分析了我国粮食的供求平衡状态。最后，本书在上述研究的基础上，提出了“四化”背景下保障我国粮食安全的对策。

本书主要结论如下：在粮食生产方面，新中国成立以来，我国粮食生产整体呈现上升趋势，播种面积稳中略升，区域布局和品种结构都发生了明显改变，玉米成为第一大粮食作物，北方成为粮食增产中心；在粮食需求方面，我国口粮需求量逐渐降低，但饲料粮、工业用粮等消费量大幅提高，成为推动我国粮食消费增加的主要动力。"四化"的推进过程中，我国粮食生产投入品数量减少，种植意愿降低，但生产技术和管理水平提高。实证结果表明，粮食单产的提高对于我国粮食增产起到的作用高于播种面积的增加，而单产的提高既包括作物绝对单产的提高也包括高产作物对低产作物的替代而带来的加权单产增加。影响我国粮食消费的因素包括人口、工业化水平、收入水平、饮食习惯和粮食价格。其中，影响最大的因素是城镇化率，最小的为粮食价格。本书利用时间序列回归分析和灰色预测模型，预测我国到2035年谷物供求处于紧平衡状态，大约会出现3 800万吨左右的谷物供求缺口，并得出长期来看我国粮食安全状况不容过度乐观的结论。针对这种情况，我国应调整粮食安全的战略目标和具体策略，以谷物自给率不低于95%、净进口量不超过国内消费量的5%作为战略目标，并从供给和需求两个方面调整相应的政策。

感谢导师刘旭院士对本研究给予的悉心指导，感谢中国农业科学院农业经济与发展研究所各位领导与同事对本研究给予的大力支持，感谢经济科学出版社为本书的编辑和出版付出的辛勤劳动，由于时间仓促，加之笔者学识有限，如有不足之处，敬请读者批评指正。

作者

2018年10月

# 目　录

*Contents*

# 第 1 章

# 导　论

## 1.1 研究背景

粮食在人类的生存与发展中具有重要的地位，它不仅是人们赖以生存的最基本的必需品，而且是人们从事其他一切活动的前提和基础。粮食虽然可以通过市场进行调节，但是，由于它对于国家而言的特殊重要性，粮食又不能仅仅依靠市场调节，还需要政府从宏观层面加以调控。粮食安全与社会的和谐、政治的稳定、经济的持续发展息息相关，世界各国纷纷把提高粮食安全水平作为经济工作的重点之一。

我国是一个人口大国，自古以来，保证粮食安全在我国就具有重要意义，“无粮不稳”“王以民为天，民以食为天”这些话都体现了为政者决不能让民众面临饥饿的思想。中华人民共和国成立特别是改革开放以来，我国在粮食安全保障上做出了巨大努力并获得了令人瞩目的成就。我国的粮食产量、人均粮食占有量和粮食自给率一直保持在较高水平，实现了粮食供求由短缺向总量供求平衡、丰年有余的转变。

2012 年 11 月 8 日，胡锦涛在党的十八大报告《坚定不移沿着中国特色社会主义道路前进 为全面建成小康社会而奋斗》中提出了“四化同步”概念，即“坚持走中国特色新型工业化、信息化、城镇化、农业现代化道路，推动信息化和工业化深度融合、工业化和城镇化良性互动、城镇化和农业现代化相互协调，促进工业化、信息化、城镇化、农业现代化同步发展。”一方面来看，“四化”的推进有利于推动我国粮食安全水平的提高，工业化和城镇化对我国经济社会的发展具有重要意义，是我国国民经济持续、稳定增长，城乡二元结构变革的重要途径，农业现代化为工业化、城镇化提供支撑和保障，也是提高我国农业生产水平和综合竞争力的有效途径，而信息化则是推进其他“三化”的重要手段。从另一方面来看，“四化”的推进也会给我国粮食安全带来不利影响。我国城镇化、工业化的快速推进不仅会占用大量耕地等粮食生产资源，给粮食供给带来负面影响。另外，城镇化和工业化也会引起口粮、工业用粮、饲料用粮等刚性需求的增加，从而给粮食安全带来更大的压力。

因此，厘清“四化”加速推进的过程中我国的粮食安全将会面临的境地，利用“四化同步”推进带来的正面影响提高粮食的供给水平，同时合理引导消费需求，避免粮食问题被边缘化，有效规避城镇化和工业化对粮食安全带来的负面影响，成为一个值得关注的重要问题。

## 1.2 研究目的和意义

### 1.2.1 研究目的

本书在分析我国粮食安全现状和“四化”发展水平及趋势的基础上，分析我国粮食安全面临的境地，预测未来的粮食安全趋势，并提出提高粮食安全水平的策略。具体来看，主要有以下目的：第一，厘清我国粮食安全（从供给和需求两个方面）和“四化”发展的现状和趋势；第二，从供给和需求两个方面分析“四化”对于我国粮食安全的影响；第三，对我国2020年、2030年和2035年粮食安全的情况做出预测；第四，提出在“四化同步”推进中我国粮食安全发展趋利避害的策略。

### 1.2.2 研究意义

“四化同步”发展是我国应对“三农”问题的重要手段，也必然会给我国农业发展带来重要影响，这些影响到底会在哪些方面、在多大程度上影响我国粮食安全的发展，以及我国政府要如何利用“四化同步”推进中的机遇并应对其风险，都是非常值得探讨的问题。因此，将粮食安全问题在“四化同步”推进背景下分为供给和需求两个方面，并对该背景下我国未来的粮食安全水平进行预测，具有新的现实意义（见表1-1）。

**表1-1　研究内容及意义**

| 内容 | 意义 |
|---|---|
| 厘清我国粮食安全和“四化”发展水平，研究“四化”推进中影响粮食供给和需求的因素 | “四化同步”刚刚提出不久，还很少有学者对其在粮食安全方面可能产生的影响做出整体的分析。而针对这些因素的分析有助于摸清我国粮食安全面临的发展环境、机遇和挑战，也有助于剖析这些因素在哪些具体方面、多大程度上影响我国的粮食安全 |
| 预测在“四化”正负两个方面的影响下，我国未来粮食供求水平 | 对我国粮食安全进行数量上的预测，可以更加清晰地认识到我国粮食安全面临的境地，也有利于战略对策的提出 |
| 相关对策建议 | 对“四化同步”推进中提高粮食安全水平的对策和建议可以为政府相关部门制定相关的粮食政策提供理论指导和参考依据，并为粮食产业的利益相关者提供决策依据 |

## 1.3 国内外研究现状

### 1.3.1 粮食安全的概念和含义

20世纪70年代初（1972~1974年），发生在世界范围内的严重粮食危机使粮食安全问题正式被世人所关注。联合国粮食及农业组织（以下简称“联合国粮农组织”）于随后在罗马召开的世界粮食大会上，首次提出了粮食安全的概念，认为“粮食安全保证任何人在任何时候都能得到为了生存和健康所需要的足够食品”。该定义是对粮食安全的一种粗略的描述，主要关注粮食安全在人类生存、健康方面的作用。随着世界经济的发展和人类社会的进步，粮食安全的状况有了新的变化。1983 年，联合国粮农组织在世界粮食安全委员会上调整了粮食安全的概念，改为“粮食安全的最终目标应该是确保所有人在任何时候既能买得起又能买得到他们所需的基本食品”。这个定义扩大了粮食安全所涉及的食品的范畴，同时明确提出了对粮食生产和消费的基本要求。1996 年，联合国粮农组织在《世界粮食安全罗马宣言》中，再一次阐述了粮食安全的概念，即“只有让所有人在任何时候都能在物质上和经济上获得足够有营养和安全的食物来满足其积极和健康生活的膳食需要及食物喜好，才实现了粮食安全”。这要求粮食的生产和价格不仅能够满足人们生存的需要，更要满足人们积极生活的需求，体现了人们对高质量生活的追求。2001 年，联合国粮农组织在德国波恩召开的世界粮食大会上对粮食安全提出了更多的要求，即在延续粮食安全概念的基础上，要求无污染、无公害、向消费者提供增强健康、保证延年益寿的粮食和其他食物。

围绕联合国粮农组织的概念，外国学者从各个方面完善和补充了粮食安全的概念。美国学者安德森等（Anderson et al.，1990）认为，粮食安全包括两个最低标准：健康、安全食品的可获得性和人们获得这种食品的能力；而粮食不安全则是指对有营养的且健康的食品的储备或通过社会认同的方式来获得有营养的且健康的食品的能力不足或不可靠。麦克斯韦和弗兰肯伯格（Maxwell and Frankenberger，1992）提出了比较完整的粮食安全的概念。他们认为，粮食安全应从宏观和微观两个层面进行研究。宏观层面上的粮食安全情况由全球及整个国家的食物获取能力来进行反映，微观层面上的粮食安全由家庭的粮食获取能力及相应的全部收入来反映，而最微观的粮食安全则由个人的营养安全状况来反映。该观点的影响范围较大，此后很多学者开始综合宏观和微观两个角度来研究粮食安全。

人口数量直接影响着一个国家保障粮食安全的难度。我国人口众多，所面临的粮食安全问题也较其他发展中国家更为紧迫，粮食安全的性质和意义也大不相同。因此，相对于国际上对粮食安全的定义，我国对粮食安全的概念有着更加符合我国国情的判断。1992 年，我国政府将粮食安全定义为能够有效地提供全体居民以数量充足、结构合理、质量达标的包括粮食在内的各种食物。此定义与联合国粮农组织在 1983 年所提出的粮食安全的定义相似，对粮食供应、结构和质量提出了要求，相比而言更加强调政府在保证粮食安全方面应当承担的义务。朱泽（1998）针对我国国情，提出了与联合国粮农组织迥异的粮食安全的概念，即粮食安全是指国家在其工业化进程中满足人民日益增长的对粮食的需求和粮食经济承受各种不测事件的能力。这一定义强调了我国在确保粮食安全方面努力的目的是推进工业化进程。吴天锡（2001）认为，粮食安全是一个发展着的概念。这一概念逐步从保障粮食供应充足转向强调“每一个家庭都有获得粮食的能力”，并进一步转向满足“营养安全”的概念。

近年来，随着对我国粮食安全的研究愈加深入，国内学者对我国粮食安全问题的认识愈加综合和系统。钟甫宁等（2004）认为，我国粮食安全问题的解决应当分四个层次：一是粮食供应总量能否满足基本生存需要；二是粮食供应在时间和地理上的分布能否满足生存需要；三是人们获取生存所需的粮食的途径是否简易、快捷；四是粮食是否卫生、有营养，能够保证人们身体的健康。翟虎渠（2004）认为，我国粮食安全问题应分为三个主要内容，即粮食的数量安全、质量安全和生态安全。他认为，在保证食物供给充足的前提下，粮食供应还需要保证营养全面、膳食结构合理和卫生合格，并且粮食生产不能以破坏环境为代价，需要以可持续发展的生产方式来获取食物。

综合国内外学者的研究可以发现，由于对粮食安全概念界定的角度、立场和社会文化背景的差异，学者们对粮食安全的界定各不相同。粮食安全的概念自 1974 年提出以来，不断完善和发展，内涵已经非常丰富。总的来看，粮食安全既包括数量的安全，也包括质量的安全；既包括生产安全，也包括流通安全和消费安全；既包括国家层面的安全，也包括个体层面的安全；既包括目前现实的安全，也包括未来的安全。

### 1.3.2 “四化”的提出及其与粮食安全的关系

“四化同步”是在原来“三化同步”的基础上丰富发展而来的。“三化同步”在党的十七届五中全会首次被提出，它的内容是“在工业化、城镇化深入发展中同步推进农业现代化”。由于现阶段我国城镇化、工业化进程的快速推进给农业带来了各方面的显著影响，这一概念的提出迅速吸引了专家学者们的注意力。在中国农业经济学会2011年学术研讨会上，韩长赋的论文《加快推进农业现代化 努力实现“三化”同步发展》对我国城镇化、工业化和农业现代化中存在的问题进行了分析，借鉴了国外“三化”问题的经验，并提出了加快推进农业现代化，促进“三化同步”发展的主要措施。尹成杰（2011）认为，目前“三化同步”既面临机遇和条件，也面临问题和挑战，提出了推进我国“三化同步”发展应把现代农业建设摆在国家现代化建设的首位，加快农业科技进步与创新，实行有力的粮食生产扶持政策等。段应碧（2011）认为，推进农业现代化是推进“三化同步”发展的着力点，而粮食生产又是现代农业发展的重要部分。粮食为代表的大田作物的种植实现农业现代化是最难的。

事实上，在“三化同步”概念提出之前，已经有一些学者对城镇化、工业化和农业现代化与粮食安全的关系进行了单独的研究。李岳云（2007）分析了城市化和工业化对我国粮食安全的影响，并提出了城市化、工业化背景下粮食安全的构想。王雅鹏、叶慧（2008）从我国中西部地区城镇化发展特点和趋势以及与粮食安全的关系入手，对城镇化加速期中西部粮食安全的生产条件变迁及影响因素进行了分析，并对在中西部城镇化加速期影响粮食安全的市场因素、政策因素以及安全领域内的生产因素、流通因素、消费因素等综合因素进行了深入研究，提出在城镇化加速推进的背景下建立和完善粮食安全长效机制的对策建议和措施。刘志雄等（2004）运用1978～2000年我国粮食生产的相关数据，利用双对数线性模型，考察了我国工业化对粮食生产的影响。结果显示，我国工业化与粮食生产负相关，工业化对粮食生产的正效应小于其负效应。赵波（2010）认为，粮食主产区农业现代化道路面临二元结构矛盾突出、收入差距拉大、农业基础设施建设滞后、自然资源约束日益加剧、农业劳动生产率、土地产出率低和粮食生产能力差异明显等困境。我国粮食主产区要突破困境，推动农业现代化进程，需要构建适应现代农业发展的长效机制，包括耕地保护机制、农业自然灾害防范机制、粮食产业化经营机制、农业支持保护机制等。

### 1.3.3　粮食安全评价指标及水平

摸清一国或地区的粮食安全现状或水平，是对该国家或地区的粮食安全进行进一步研究的基础，因此，关于粮食安全评价指标及安全水平的研究一直是国内外学者关注的重点。

#### 1. 评价指标体系

对于粮食安全评价体系，国内外学者提出过多种不同的指标选择和构建方法。其中，影响较大的评价指标和方法有以下几种。

联合国粮农组织以一国营养不良的人口的比重作为评价粮食安全的标准。若某一国家的营养不良的人口占总人口的15%以上，则该国被认为是粮食不安全国家。采集不同年龄段的儿童的发育状况，以其身高、体重、胖瘦等状况来评价该家庭的营养状况，以反映其粮食安全状况。麦克斯韦和弗兰肯伯格（Maxwell and Frankenberger, 1992）通过微观层次的研究，提出了四个评价粮食安全状况的指标，即家庭食物消费和能量摄入、家庭收入及贫困程度、营养及病理状况、对粮食不安全状况的应对能力及应对的频率。

在国内学者对评价指标的研究中，比较有代表性的有以下几种。柯炳生（2004）认为，全面评价我国的粮食安全状况要考虑以下四个方面的因素（指标）：（1）国内生产与需求的平衡情况，即自给率；（2）国内供求缺口与国际市场出口总量的比例；（3）进口粮食（食物）外汇占出口总额外汇收入的比例；（4）国际政治和流通设施等因素，即是否存在国际禁运、国际与国内运输能力和运输成本等因素。朱泽（1998）认为粮食安全是一个相对的和动态的概念，他采用了粮食总产量波动指数、粮食自给率、粮食储备水平和人均粮食占有量这四项指标，并赋予这些指标相等的权重。他采用这种方法比较了中国同加拿大、法国、美国和澳大利亚在粮食安全主要环节上的差异，进而对我国的粮食安全进行客观评价。农村社会经济调查司构建的粮食供需平衡系统是由一些相互关联、相互作用、相互制约的子系统共同组成的大系统。该系统综合了供给、需求、市场、库存 4 个方面 14 个评价指标。马九杰等（2001）提出了 5 项指标加权平均法，从微观和宏观两个层面对粮食安全进行了全面系统的衡量。这 5 项指标分别是：食物及膳食能量供求平衡指数、粮食生产波动指数、粮食储备与需求的比例、粮食国际贸易依存度系数、粮食及食品市场价格稳定性。在评价中，各项指标被赋予不同的权重。另外，龙方（2007）、高帆（2005）、徐逢贤等（1999）、刘凌（2007）、唐风（2008）、李文明（2010）、杨建利（2014）、姚成胜（2015）、王玫（2016）等都采用不同的评价指标建立过针对我国的粮食安全评价体系。

由以上分析可以得出，目前学者们对粮食安全评价指标体系的研究众多。这些评价体系考虑到不同区域、不同自然地理条件和社会发展状况等因素，因而侧重点、指标选取和权重各有不同。

**2. 我国粮食安全水平的评价**

在对我国粮食安全水平的评价方面，学者们的观点大致可以分为三类，即乐观观点、保守观点和中立观点。

持乐观观点的学者认为我国粮食安全问题在长期看来并不严峻。林毅夫（1995）认为，我国完全有能力实现粮食自给，随着我国的农业科技水平的提高，我国粮食单产仍有较大的增长潜力。朱泽（1998）利用他建立的粮食安全评价体系得出我国粮食安全整体水平仅次于加拿大、法国、美国、澳大利亚等 4 个国家，粮食安全整体水平高于世界平均水平。日本学者白石和良（2001）在《中国的粮食安全保障和粮食贸易政策》中在详细研究中国粮食供给与需求现状的基础上，认为中国粮食自给率不会低于95%。丁声俊（2005）分析了2000～2004年我国粮食产销格局、进出口状况、供求平衡状况和粮食价格，认为这些年来全国粮食消费量呈稳定增长趋势，粮食总产量增长，再加上贸易上的“进口补库”，因此，目前我国粮食供求关系平衡，以粮食为重点的食物安全形势良好。赵其国、黄季焜（2012）认为，不论是从个人和家庭的微观食物安全水平、区域间的市场一体化和流通条件、贸易量还是从国家层面的食物安全总体水平来看，我国广义上的粮食安全基本得到了保障。虽然狭义的粮食安全已经跌破了95%自给率的国家既定目标，但是口粮自给率仍然很高，大米和小麦两种主要口粮的自给率达到了100%。党的十九大以后，对于保障粮食安全又有了新的提法，杨万江（2018）认为，需要深入、准确理解中国粮食安全新战略的科学内涵。中国农产品大规模进口已经成为“新常态”，适当进口粮食不仅必然而且应该，保证口粮绝对安全的“保口粮”战略指向小麦和水稻两大口粮作物，中国“保口粮”的现实格局就是生产加进口。尤其是在“一带一路”倡议背景下，沿线国家是世界最重要的谷类粮食产区，这对我国粮食安全的保障是机遇（李怡萌，2018）。

持悲观观点的学者认为我国粮食安全现状不容乐观，对我国粮食安全提出了警告。其中以布朗（Brown，1994）关于“谁来养活中国”的报告而引起的“布朗风波”最为著名。布朗在分析发达国家经验和中国未来30～40年的人口、人均消费水平、耕地、未来世界上主要粮食进出口国的供给与需求等众多因素的基础上得出，1990～2030年，中国将成为世界上最大的谷物进口国，中国的经济繁荣将使中国对粮食的数量、质量的需求更加急迫，大量的谷物进口将使世界的粮食供给相对紧缺，导致世界范围内的粮价飙升，并最终引起世界性的经济崩溃和政治动乱。布朗的这一论断不仅是“谁来养活中国”的问题，还是“一个养活不了自己的中国将如何危害世界”的问题。国内学者田野

(2004)认为，在今后的一段时间内，我国人口将不断增加，工业化和城市化将带来耕地面积的进一步减少、需求的不断增加和供给的相对减少，将造成粮食供不应求的局面。葛结根（2004）认为，人口数量的激增、生活水平的提高及城市化进程的加快，将加剧人们对粮食数量和质量的要求，我国粮食供应将会紧张。

持中立观点的学者综合各研究方面的因素，认为我国的粮食安全问题应当考虑正反两面、客观对待。姜长云（2004）认为我国粮食安全面临的有利因素有：市场粮价趋于合理，利益机制会提高农民的中立积极性；外汇储备充足，可以将粮食进口作为保证粮食安全的补充手段。我国粮食安全面临的不利因素有：我国企业和农户的粮食库存有相当一部分难以转化为市场供给；粮食生产和消费的"大国效应"可能会使粮食供求调节的回旋余地更小；不完善的农业基础设施状况可能会对粮食单产造成较大影响；城镇化和工业化等因素可能会影响我国粮食生产；我国粮食供求的主要矛盾将由粮食供给与需求总量的矛盾转为结构上的矛盾，不同区域间的流通和调整，将成为调节粮食供求需要解决的主要问题。因此，我国对待粮食安全的态度应该是"谨慎乐观、未雨绸缪"。罗良国（2005）采用中国农业科学院农业经济与发展研究农业政策研究室的"粮食主产区农民收入动态监测系统模型"对我国粮食供需状况进行了判断。他认为，我国粮食产需关系在总体上仍可保持相对平稳的发展态势，但也存在一定规模的国内产需缺口。

### 1.3.4 影响粮食安全的主要因素

综合来看，国内外学者对于粮食安全影响因素的研究可以分为粮食生产、流通和消费三个方面。

#### 1. 生产方面

基于我国人口众多、粮食需求量大的事实以及历次粮荒的教训，我国对粮食的生产环节格外重视，学者们对影响粮食安全的生产阶段的因素研究非常多。一般来看，土地数量和质量、水资源数量、粮食价格、生产投入和技术进步以及制度变迁等是影响粮食生产的重要因素。刘振伟（2004）在系统地研究粮食供给的基础上指出耕地锐减、粮食增产的技术支撑能力不强、农业基础设施投入不足是影响我国粮食安全的重要因素。耿玉环等（2007）通过对我国耕地面积减少导致粮食产量降低的相关性分析，得出耕地资源数量显著地影响着粮食安全。赵一凡（2018）认为有效灌溉面积、农村纯农业劳动力比重、农作物总播种面积、农用机械总动力、农业科技人员数与我国粮食安全的关联度较大。蒋乃华、张雪梅（1998）应用局部价格调整模型对价格因素对我国粮食生产的影响进行了回归分析，结果表明，价格杠杆对调节农户的粮食生产行为有着至关重要的作用。张劲松、王雅鹏（2008）运用柯布－道格拉斯（Cobb-Douglass）函数测算了各影响因素对粮食增产的贡献，结果表明，化肥投入、农业机械投入增加对粮食增产起到了重要的贡献作用。林毅夫（2000）认为，不同土地制度会产生不同的成本和收益预期，进而影响农户的投资行为及土地交易中的交易费用和土地使用的监督成本，进而影响粮食生产。他的研究证明，我国 1978～1984 年的粮食产量增加，有 42.2%～46.89% 来自家庭联产承包责任制带来的生产率的提高，适宜的制度可以降低粮食生产的直接经济支出。从各国粮食安全影响因素对比的角度，梁姝娜（2016）认为，实现粮食安全，中国应重点提高粮食自给率，通过确保耕地资源数量，合理利用水资源，加快农业技术进步等途径实现。

### 2. 流通方面

部分学者认为，从长期来看，我国的粮食综合生产能力已经能够满足我国粮食安全的数量需求，与影响粮食生产的因素相比，流通阶段的影响因素的研究更为重要。

比格曼（Bigman，1979）以发展中国家印度为例分析了政府干预政策在国内粮食市场和国际粮食市场上的有效性。他指出，对于大多数发展中国家的政府而言，对粮食市场干预的主要目标就是保证粮食供求波动的平稳以及保障弱势群体的粮食需求。

李岳云（2007）、马晓河（2008）认为，一国的粮食安全由生产安全、流通安全和消费安全三大因素构成。姜长云（2006）认为，在考虑粮食安全和粮食供求平衡问题时，粮食供给与需求的适应性远远重要于粮食生产与粮食需求适应性。我国历次发生的粮食供求严重失衡现象都与粮食综合流通能力不强有关。褚保金（2005）利用农民收入、粮食安全和政策成本构建了三角动力结构，并以此分析了粮食生产波动的原因，认为作用于生产领域的“三角动力结构”在流通领域没有得到有效地稳定性调整，放大了市场波动。许经勇（2004）指出，粮食市场发生了根本性的变化，已由买方市场转为卖方市场，在这种新情况下，保障粮食安全的重点，应由生产转向流通安全，由产量安全转为能力安全。王瑞峰（2018）基于资源配置效率的视角，从粮食生产、流通和消费环节入手，利用超效率数据包络分析（DEA）方法对我国粮食安全保障能力进行评价分析，认为粮食生产环节和消费环节的粮食安全保障效率较高，而粮食流通环节的粮食安全保障效率较低；粮食收储环节和贸易环节的粮食安全保障效率较高。粮食流通环节的粮食安全保障效率低下主要是由粮食加工环节、销售环节和质检环节效率低下所造成。

**3. 消费方面**

在粮食供给水平一定和流通体制相对稳定的情况下，粮食需求的变动直接影响到一国的粮食安全状况。影响粮食需求变动的因素主要有粮食价格的变动、人口的增长、收入的变化、城镇化和工业化进程以及粮食市场的发展状况等。

刘志澄在1989年提出，粮食是人们日常生活的必需品，粮食消费需求同人口数量的增减成正相关。人口数量是粮食消费需求中一个极其重要的变量。罗良国（2005）对我国粮食供求状况进行了分析，发现我国人均粮食消费量趋于稳定并略有下降，但我国人口基础较大，粮食需求的增加仍不可轻视。另外，朱晶（2003）则通过对 1985 ~ 2000 年省级数据的实证分析认为，农民食品消费水平更多地与其收入和购买力水平紧密相连。

城镇化的推进引起城市人口的比重增加，消费结构升级引起饲料用粮增加，工业化的推进引起工业用粮数量上升也是影响粮食消费的重要原因。王明华（2012）认为，饲料粮变化对我国粮食供需平衡影响越来越大，饲料粮增加成为国内粮食消费刚性增长主要动力。尹成杰（2009）指出，饲料粮消费缺口增大以及制药、化工、酿酒等工业的发展引起的工业粮的需求增加都加大了国家粮食安全压力。

另外，生物燃料的开发，也在一定程度上影响了粮食的需求。赵其国等（2008）分析认为，生物能源的兴起，必然会增加对作为生物能源原料的玉米等粮食作物的需求，从而通过国际粮食市场波及我国短期和长期的粮食安全。

**4. 其他方面**

除以上三个方面外，还有学者从一些有趣的方面提出过粮食安全的影响因素。肯尼迪和彼得斯（Kennedy and Peters，1992）对肯尼亚和马拉维的研究发现家庭粮食安全受家庭总收入的影响，并且与女性对家庭收入的控制比例正相关。联合国粮农组织和世界银行（WB）等国际组织及一些学者的研究发现，在发展中国家，妇女在确保家庭粮食安全上起着至关重要的作用（Quisumbing，2007；Shaikh，2007）。政策制定者们最近也开始认识到，在未来，满足世界的粮食需求将会更加依赖妇女的力量。随着我国农业环境形势逐渐严峻、资源约束不断加剧，自然环境对于粮食安全的影响也逐渐加重，不同学者在此方面也做了研究。周博（2015）、翟印礼（2015）认为科技支撑、资源要素、环境状况和农业经济是促进和保障粮食安全的关键因素；张慧（2017）认为生态环境治理、农业劳动力流失、技术进步对生态视角下粮食可持续安全的影响是正向的。

### 1.3.5 提高粮食安全水平的途径

针对我国的国情特点和我国粮食安全的特殊重要性，很多学者都从不同角度提出过提高我国粮食安全水平的途径、对策和建议。归纳起来，可以分为以下几类。

**1. 认识层面**

姜长云（2005）研究指出，随着粮食产量的增加，我国保证粮食安全的重点应该逐步由偏重于数量安全转变为偏重于能力安全。保障粮食安全的重点不再是单纯重视生产安全，而应该将生产、流通和物流结合起来。另外，为了确立我国粮食安全的长效机制，应将保障粮食安全与促进主产区农民增收、扩大农民就业结合起来，将供给经营安全与供给价格安全结合起来。柯炳生（2005）认为，澄清以下六个方面的认识有助于认清我国粮食安全状况，解决粮食安全问题：（1）粮食安全不是短期问题，而是长期问题；（2）粮食安全主要不是流通问题，而是生产问题；（3）粮食安全不是谷物问题，而是食物问题；（4）粮食安全主要不是价格问题，而是数量问题；（5）粮食安全不是局部性问题，而是全局性问题；（6）粮食安全不是农民的目标，而是政府的目标。仇焕广（2015）、成升魁（2018）等学者认为，目前我国粮食安全领域陷入产量多、进口多、库存多、补贴多和浪费多的“五多怪圈”，新时代我国粮食安全观从强调对粮食量的保障和供给、强调市场条件下的个人购买能力，到从基本保障提升到生活品质、强调国家对风险的抵御能力，内涵不断充实和延伸。在我国粮食出现阶段性、结构性供大于求的背景下，构建“营养、绿色、多元、开放”的新时代粮食安全观势在必行。

**2. 生产层面**

尹成杰（2005）认为，作为一个粮食生产大国，我国粮食安全的核心问题是生产能力的安全，提高我国粮食的综合生产能力是有效保障我国粮食安全的重要途径。因此，我国粮食安全战略的重点应是提高粮食综合生产能力，增加粮食有效供给。类似地，认为提高粮食综合生产能力是保证我国粮食安全最根本途径的学者还有邹凤羽等（2009），他们认为，保护耕地、保护和净化水资源、保护和提高基本农田的粮食产出能力、加强农业基础设施建设、增强粮食产业的抗灾减灾能力以及提高粮食生产的科技进步能力是保障我国粮食安全可持续发展的重要手段。刘旭（2011）认为，依靠科技自主创新提高主要粮食单产、提高区域资源利用效率、建设高标准农田建设等是提升国家粮食安全保障能力的重要手段。潘岩（2009）则提出了提高粮食综合生产能力的具体措施，例如，加强农田水利设施建设、大力实施测土配方施肥技术、扩大和调整种粮补贴政策的内容与范围等。另外，很多其他学者对粮食生产环节的各个方面都提出过针对性措施，例如，提高农业机械化水平（王聪，2018），提高农业基础设施（李宁，2018）、轮作休耕（寻舸，2017），调整农业劳动力结构性转移（卫龙宝，2017），等等，将社会发展、农业经济、科技支撑、资源状况和环境要素等紧密结合在一起，长远地确保我国的粮食安全（周博，2015）。

**3. 政策层面**

马九杰、孔祥智（1999）比较了其他国家的农业生产支持政策及其他相关财政支持政策后指出，鉴于粮食商品的特殊性，几乎所有国家的政府都没有放任粮食生产完全依赖市场，而是采取了各种调控手段，对粮食生产给予了较大力度的支持。因此，我国政府应该从财政政策、价格、信贷及保险等方面支持粮食产业发展。朱晓峰（2006）认为，财政支持的农业合作社对粮食安全有重要作用。杨明洪（2000）、郭敏和屈艳芳（2002）研究农户投资和农业信贷与粮食生产之间的关系。结果表明，投资和获得贷款之间是正向相关的，且信贷支持政策对粮食增产有着明显的拉动作用。尹昌斌（2007）研究了政策性金融对区域粮食安全体系建设的支持作用，分析了政策性金融的具体支持领域和方式，得出了政策性金融支持在保障国家粮食安全方面发挥重要的积极作用的结论。万宝瑞（2008）认为，加大惠农政策力度、调整和完善农业“四补贴”，并对粮食主产区采取倾斜的政策，可以提高粮食的比较效益，调动农民的种粮积极性，提高我国粮食安全水平。蓝海涛、王为农（2007）指出，鉴于财政支持在粮食增产中的重要作用，增加与粮食生产相关的财政投入是保障我国长期粮食安全的重要途径。戴化勇（2016）认为，未来我国粮食政策大体会向以下方向转变，即从以往注重供需两个维度平衡向“产需＋进口”三元平衡转变，从以往注重主粮品种平衡向主粮杂粮互动转变，从收储企业顺价销售向择价随价经营转变，从对农民实施的生产收入合一补贴向价补分离转变。周坚（2018）认为，对农业保险的补贴制度进行改革，设计更加灵活的补贴方案和保障水平，以实现农业保险促进粮食产出增长的政策目标。王一飞（2018）从提高我国粮食安全水平、制定差异化粮食安全目标、完善最低收购价政策等三个方面分别提出了相对应的建议，以保证我国粮食安全水平处于一个合理的区间。

**4. 流通层面**

叶晓云、孙强（2004）认为，我国粮食购销体制中存在着很多影响我国粮食安全的问题，包括粮食运输能力不足和运费偏高，与粮食收购脱钩的补贴政策所引起的粮食生产减少，不利于粮食企业开展省际购销业务的贷款政策（即中国农业发展银行实行的“以销定贷、以效定贷”），基础设施建设难以满足现代物流的要求等，这些问题都给我国的粮食安全带来了负面影响。龙方（2007）认为，除生产外，我国应顺应世界贸易组织（WTO）和全球经济一体化的趋势，充分利用两种资源和两个市场的作用，即发挥国内流通和国际贸易的作用，在利用国内粮食生产资源提高生产能力的基础上，充分利用国际粮食市场，缓解我国粮食供求失衡的压力。毛学峰（2015）、张学军（2016）等认为，从中国的粮食结构看，口粮尤其是稻米面临很大的贸易风险。未来粮食不安全很大一部分来自粮食的流通和贸易问题。

### 5. 储备层面

黄黎慧等（2005）认为，粮食储备在保证国家粮食安全中发挥着重要作用，因此，我国应加强对粮食储备能力的宏观调控力，确定并保持适当的粮食储备规模。另外，除国家的中央储备之外，我国还应健全省级和市级的粮食储备体系，以适当的储备水平保证我国粮食安全水平不会出现大的波动。张广翠（2005）提出了加强国家粮食储备能力的三项措施：一是要明确国家储备粮的战略定位，确定合理的储备规模；二是要完善我国储备粮体系，不但要有国家储备，还要有省、市和农户个人储备；三是应该逐渐把储备地区从产粮区移向粮食的主销区和边远贫困地区以及自然灾害多发地区。刘颖、许为和樊刚（2010）根据粮食储备的安全均衡模型和成本效率模型的基本原理，运用剩余法测度了粮食生产波动，在此基础上运用差额模型推算了我国粮食安全储备规模。王大为、蒋和平（2016）认为，短期内玉米储备变动对自身具有冲击效应，玉米储备变动对安全水平变动具有冲击效应。

## 1.3.6 计量分析方法的选择

### 1. 对供给的影响因素的分析方法

近年来，我国多位专家使用不同的计量经济学模型对影响粮食供给的因素进行了统计研究（见表1－2）。其中，梁子谦、李小军（2006）、谢杰（2007）、张军（2008）、张劲松和王雅鹏（2008）对我国粮食生产的数据进行了分析。梁子谦、李小军运用因子分析的方法，对影响我国粮食单产和播种面积的因子进行了实证分析。结果表明，科技进步水平对粮食单产具有最主要的影响。谢杰（2007）使用逐步回归和加权最小二乘回归等方法，分析了我国 1978～2004 年粮食生产要素的相关数据，构建了我国的粮食生产函数。其研究结果指出，在当前情况下，对粮食生产影响最大的因素为耕地面积和化肥施用量。张军（2008）应用 HP 滤波的方法，对我国自 1978 年以来的粮食生产的波动进行了分析研究，发现耕地面积、耕地受灾面积、前一年的粮食价格波动等是影响粮食产量波动的内在因素，而政策上的缺陷则是影响粮食产量波动的外在因素。张劲松和王雅鹏（2008）使用柯布－道格拉斯函数模型，选取6个与粮食增产相关的因素作为变量，分析影响我国粮食产量的各因素的贡献。其结果指出，增加化肥投入、增加农业机械投入和减少受灾面积可以有效增加粮食产量。此外，周慧秋（2006）和王慧（2009）对我国部分地区的粮食生产能力进行了研究。周慧秋（2006）应用由我国邓聚龙教授所创立的灰色模型GM（1，N），对我国粮食主产地之一的东北地区的粮食生产能力进行统计分析和建模，并对今后的东北地区的粮食生产能力进行了预测。王慧（2009）使用因子分析和聚类分析等多元统计分析方法，对我国粮食产量居首位的河南省的18个地区不同的粮食生产能力进行研究，分析了产生各个地区间粮食生产能力不同的原因。杨皓天（2016）运用随机前沿生产函数，从农户微观层面对影响农户粮食生产及技术效率的因素进行分析。程申（2017）采用Tornqvist-Theil指数方法，测算了1978～2015年我国稻谷、小麦、玉米3种主要粮食作物的各投入要素和全要素生产率的增长率及其对粮食产出的贡献率。张启楠（2018）运用DEA-Tobit模型对粮食生产效率及影响因素进行测算。

**表1－2　　对供给的影响因素的分析**

| 学者 | 时间（年） | 方法 | 内容 |
|---|---|---|---|
| 周慧秋 | 2006 | GM（1，N） | 东北地区粮食生产能力 |
| 梁子谦、李小军 | 2006 | 因子分析 | 我国粮食单产和耕地面积 |
| 谢杰 | 2007 | 逐步回归和加权最小二乘回归 | 1998～2004年粮食生产相关要素 |
| 张军 | 2008 | HP滤波 | 1978～2008年粮食生产波动 |
| 张劲松、王雅鹏 | 2008 | 柯布－道格拉斯函数 | 影响粮食增产的各个因素 |
| 王慧 | 2009 | 因子分析和聚类分析 | 河南省18个地区的粮食生产能力 |

续表

| 学者 | 时间（年） | 方法 | 内容 |
| --- | --- | --- | --- |
| 杨皓天 | 2016 | 随机前沿生产函数 | 微观角度分析影响农户粮食生产及技术效率的因素 |
| 程申 | 2017 | Tornqvist-Theil 指数方法 | 三种主要粮食作物的各投入要素和全要素生产率的增长率 |
| 张启楠 | 2018 | DEA-Tobit 模型 | 粮食生产效率及影响因素测算 |

资料来源：作者根据相关资料整理。

**2. 对需求的影响因素的分析方法**

部分分析影响粮食需求的因素的研究，均认为我国家庭粮食的消费情况与该家庭的收入具有密切关系（见表1－3）。哈勃雷特（Halbrendt，1994）应用AIDS模型对我国广东省农村的2560户家庭的消费数据进行统计分析，指出农户家庭预算中用于食品消费的比例对于农户家庭食品消费的结构具有重要影响。高（Gao，1996）同时采用AIDS模型和LES模型，分析了我国江苏省的农村居民粮食消费状况。其研究结果指出，农村居民收入并未增加，是造成20世纪90年代初江苏省农村居民食品消费停滞的主要原因。

**表1－3 对需求的影响因素的分析**

| 学者 | 时间（年） | 方法 | 内容 |
| --- | --- | --- | --- |
| 哈勃雷特 | 1994 | AIDS 模型 | 广东省1990年农村家庭消费情况 |
| 高 | 1996 | AIDS 和 LES 模型 | 江苏省1990年农村居民消费情况 |
| 张晓勇、李刚 | 2001 | 分类优化回归法（CATREG） | 上海居民农产品的消费情况 |
| 陈永福 | 2005 | 恩格尔函数模型、对数—对数—倒数模型 | 玉米、大豆、大米和小麦 |
| 周津春 | 2006 | AIDS 模型 | 陕西、山东、江西农村居民的食物消费情况 |

续表

| 学者 | 时间（年） | 方法 | 内容 |
| --- | --- | --- | --- |
| 龙方 | 2008 | 线性回归和时间序列模型 | 影响我国粮食消费量的因素 |
| 胡玮薇 | 2016 | ARIMA 模型 | 居民收入对粮食消费的影响程度 |
| 何友 | 2018 | 空间重心模型 | 空间布局和粮食供需匹配 |
| 邓义 | 2018 | Logistic 模型 | 影响粮食产品购买意愿的因素 |

资料来源：作者根据相关资料整理。

事实上，在家庭可支配收入大幅度提升后，价格对居民粮食消费的影响逐渐降低，其他因素的影响逐渐凸显。张晓勇和李刚（2001）在对上海居民农产品消费行为进行研究后，指出对农产品消费产生影响的因素不仅包括农产品的价格，还包括农产品的质量、消费者年龄、教育水平及交通情况等。陈永福（2005）使用恩格尔函数和“对数—对数—倒数”模型对影响我国粮食（大米、玉米、大豆和小麦）需求的因素进行分析和建模。周津春（2006）采用 AIDS 模型，对 2004 年山东、陕西和江西农村居民的家庭规模、市场发育水平、受教育水平和户主年龄等影响农村居民食品消费的要素进行了分析。龙方（2008）分析了 1990 ~ 2005 年影响我国粮食消费总量的因素，指出人口数量和城市化率均能够对粮食生产的需求产生重要影响。胡玮薇（2016）运用 ARIMA 模型预测我国居民收入对粮食消费的影响程度。何友（2018）通过空间经济学重心模型对 2000 ~ 2014 年全国稻谷、玉米和小麦的生产和消费的重心进行测算，发现粮食生产和粮食消费的空间匹配性在不断下降，空间布局和粮食利益矛盾进一步加深，给新时期粮食储备、粮食调配、粮食多样化供给等方面带来挑战。邓义（2018）运用 Logistic 模型分析发现，消费者对粮食产品的认知度直接影响其粮食产品消费决策、购买意愿等消费行为，年龄、学历、职业和家庭所属地对部分粮食产品购买意愿具有一定影响。

### 3. 对粮食安全水平的预测方法

一些专家对我国粮食生产的供给水平进行了预测（见表1－4），如蔡承智和陈阜（2004）采用三次方程回归拟合的方法，对我国粮食作物的单产进行了分析和拟合，并预测了我国今后30年的粮食产量。丁晨芳（2007）将C-D生产函数模型、指数平滑模型和多元回归模型进行组合，分别赋予一定的权重，对我国未来的粮食产量进行了预测，并证明了将多个单一模型进行组合能够提高预测的精确度。

表1－4　　预测粮食安全水平的方法

| 学者 | 时间（年） | 方法 | 内容 |
|---|---|---|---|
| 蔡承智、陈阜 | 2004 | 三次方程回归 | 我国粮食作物单产 |
| 丁晨芳 | 2007 | C-D生产函数模型、多元回归模型和指数平滑模型的加权组合 | 我国粮食产量 |
| 陆文聪、黄祖辉 | 2004 | 区域市场均衡模型 | 我国稻谷、小麦和玉米的供求形势 |
| 黄季焜 | 2004 | 政策分析和模拟模型（CAPSIM） | 我国主要农产品的生产、消费和贸易 |
| 陆伟国 | 1996 | 时间序列趋势模型 | 我国粮食消费的五部分 |
| 雷平 | 2016 | AHP-GRAP综合评价法 | 对粮食安全状况进行综合评价 |
| 孟凡琳 | 2017 | 灰色DEA交叉评价模型 | 对河南省粮食生产效率进行测算 |

资料来源：作者根据相关资料整理。

在需求预测上，一些学者以粮食总需求量为研究对象，如陆文聪、黄祖辉（2004）建立了中国农产品区域市场均衡模型（CARMEM模型），从全国和地区两个层面上对我国7个地区的18种主要农产品的供求情况进行了分析，并预测了2006年和2010年我国三种粮食（稻谷、小麦、玉米）的供求形势。黄季焜（2004）对我国主要农产品的供给、需求和贸易等方面建立了中国农业政策分析和模拟模型（CAPSIM），并对2010年我国主要农产品的相关情况进行了预测。另外，一些学者区分了粮食不同的消费用途，分别预测了口粮、饲料用粮、工业用粮/种子用粮和其他用粮的情况。例如，陆伟国（1996）采用时间序列模型预测了我国2020年这五种粮食的消费情况。雷平（2016）通过AHP-GRAP综合评价法对2000～2014年粮食安全状况进行综合评价，认为我国粮食安全呈现逐步改善的趋势，具体表现为粮食产能逐步提高、食品质量状况有所改善、粮食价格波动总体稳定、居民购买力持续增强、居民营养状况趋于合理、生态资源条件逐步好转。孟凡琳（2017）构建基于理想点的灰色DEA交叉评价模型对河南省粮食生产效率进行测算，并将该模型与传统DEA模型的测算结果进行比较。

### 1.3.7 对已有研究的评述

以上国内外文献资料涉及粮食安全的各个方面，主要集中在对粮食安全的概念、评价体系、安全水平、影响因素以及提高粮食安全的途径等方面。这些文献为确定论文研究范围、对象、研究思路和方法提供了重要的参考及启示。但综合来看，已有研究存在以下空白：首先，大部分已有文献都是孤立地研究我国粮食安全问题，很少将这一问题放在特定背景下，目前还没有文献研究"四化"推进过程中的粮食安全面临的问题，也很少有文献探讨"四化"的发展与粮食安全之间的关系；其次，在已有的研究中，学者们在研究粮食供给和需求的影响因素时，更注重要素投入量、生产者或消费者素质及偏好、价格等微观因素对粮食产量的影响，而忽视了宏观的大环境对粮食安全的影响。因此，本书把粮食安全问题置于"四化同步"的背景下，研究宏观因素对我国粮食供给、需求以及整体的粮食安全影响的因素，并预测我国到2035年的粮食安全状况，以期从一个新的视角对我国粮食安全战略提出对策和建议。

## 1.4 研究目标和研究内容

### 1.4.1 研究目标

本书的具体目标：(1) 厘清我国粮食安全的背景以及“四化同步”提出的背景、意义和发展趋势；(2) 分析“四化”背景下，影响我国粮食供给和需求两个方面的因素；(3) 对我国未来粮食的供给和需求状况做出预测，并进行平衡分析；(4) 探索“四化同步”进程中提高粮食安全水平的宏观战略。

### 1.4.2 研究内容

基于以上研究目标，本书内容主要包括8章。

第1章，导论。主要提出研究的问题，对国内外研究进展进行文献回顾和评述，并提出研究思路，介绍本研究的研究方法、技术路线及可能的创新点。

第2章，我国粮食安全发展的总体概况。本章研究我国粮食的供给和需求状况，包括总体特征、播种面积、产量、品种结构、种植区域等生产供给，以及数量、用途和品种等消费特征。

第3章，我国“四化”的发展水平及趋势。本章首先对“四化”提出的背景进行介绍，继而分别研究“四化”的发展水平和目标，以及它们对经济社会的影响。

第4章，“四化”背景下的粮食供给。本章研究“四化”影响下的我国粮食生产投入品（包括耕地、水、人力资源，资金和生产工具等），农户种粮意愿、科技和管理投入的具体情况。

第5章，“四化”背景下的粮食需求分析。本章研究“四化”影响下我国人口、城镇化率、工业化水平、收入水平、价格和偏好对粮食消费的影响，并对这些因素进行实证分析。

第6章，我国粮食的供求预测及平衡分析。本章将对2020年、2030年、2035年我国粮食的供给和需求情况进行预测，并对供求平衡状态进行分析。

第7章，“四化”背景下提升我国粮食安全水平的对策。本章在之前研究的基础上，首先分析我国粮食安全面临的问题，继而提出粮食安全的发展目标以及实现该目标应采取的战略决策。

第8章，结论和建议。本章对研究的主要结论进行总结并提出政策参考。

## 1.5 研究方法和数据来源

### 1.5.1 研究方法

由于本书涉及问题较多，研究方法也较多，其中主要的研究方法有以下三种。

**1. 统计描述法**

在对我国粮食生产和消费基本情况的研究中，本书将使用较多的统计描述法，对我国粮食生产和消费的变化趋势和现状进行分析。

**2. 阶段分析法**

研究将采用阶段分析法对城镇化、工业化、信息化和农业现代化发展过程进行分析，以厘清“四化”发展的具体特征，为整体研究提供一个清晰的背景。

### 3. 实证研究方法

实证研究是本书主要的研究方法。例如，在研究对需求的影响因素时，采用主成分分析法；在对粮食生产和需求进行预测时，选择采用计量经济学中的 ARIMA 类模型和灰色预测模型，对 2020 年、2030 年和 2035 年的粮食产量和需求量进行预测。

## 1.5.2　数据来源说明

第一，本书所使用数据主要来自公开发行的年鉴、统计报告等。主要包括：历年《中国统计年鉴》《中国农村统计年鉴》《中国农业年鉴》《中国农业统计资料》《中国农村住户调查年鉴》《全国农产品成本收益资料汇编》《中国畜牧业年鉴》《中国食品工业年鉴》《中国饲料工业年鉴》《中国人口统计年鉴》《中国市场统计年鉴》《中国物价年鉴》《中国城镇居民家庭收支调查资料》《中国物价及城镇居民家庭收支调查统计年鉴》《中国价格及城镇居民收支调查统计年鉴》《中国城市（镇）生活与价格年鉴》《中国农产品价格调查年鉴》《新中国五十五年统计资料汇编》《中国农业统计资料汇编》《中国农业发展报告》，中国资源环境经济人口数据库以及各省统计年鉴。

第二，网络资源和数据库。主要是国家计委、农业部等政府相关部门的网站资料数据，如中国价格信息网、中国种植业信息网、中国农业信息网等。国外数据也主要由网站资料数据获得，如联合国粮农组织数据库、World Bank 数据库、OECD 数据库、UNCOMMTRADE 贸易数据库、USDA 数据库、AMAD 数据库等。

## 1.5.3　技术路线

本书研究框架如图 1－1 所示。

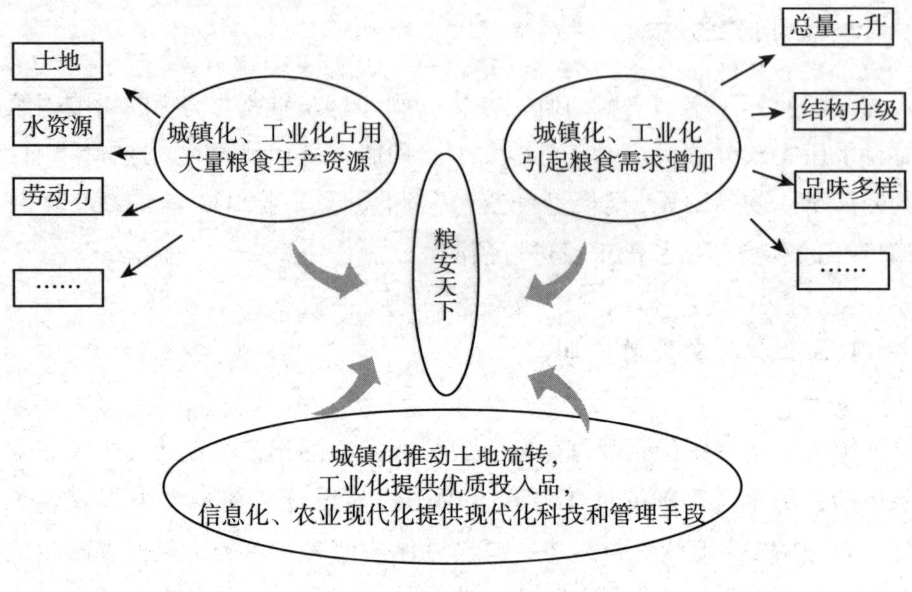


**图1-1 本书研究框架**

## 1.6 创新点

一是"四化同步"是党的十八大提出的新概念，是解决我国"三农"问题、提高农业生产水平的重要手段。"四化"的推进必将给我国经济社会和各个产业，特别是农业发展带来深刻的影响。本书采用新的研究视角，将粮食安全问题置于"四化"发展的新背景下，深入研究"四化"的各个方面对我国粮食供给和需求带来的影响。这一研究角度之前学者涉及较少。

二是在对"十二连增"进行研究时，本书利用数学推导，分解出了单产量和面积对增产的贡献率，并将单产进一步分解出了绝对单产和结构变化，这种方法上的创新是已有研究中少见的。

三是以往学者更关注粮食价格、可支配收入、消费者偏好等微观因素，本书则重点考察城镇化率、工业化率等宏观因素变动对粮食生产和供给的影响，这是本书在研究对象选择上的创新。

四是相对于以往学者将全国视为一个整体进行安全战略研究，本书根据不同的资源禀赋优势、生产条件、技术水平、增产潜力和消费趋势等因素，将我国划分成不同的区域，对于不同区域提出不同的战略目标。这是本书的又一个创新点。

# 第2章

# 我国粮食安全发展的总体概况

摸清我国粮食安全的具体情况能够为下一步对粮食安全的深入研究提供一个完整的基础和背景。因此，本章将从供给和需求两个方面对我国粮食安全的基本情况进行全面分析。在针对供给的研究中，本章将重点分析粮食生产的总体特征、播种面积、总产量和单产量、种植结构以及种植区域等方面；在针对需求的研究中，本章将重点分析我国粮食消费在数量、用途和品种上的变动趋势及特征。

## 2.1 供给方面

出于对粮食自给的重视和粮食刚性消费的客观现实，我国对粮食生产一直极为重视。因此，我国的粮食供给很大程度上取决于国内生产。因此，对粮食供给的研究将重点针对粮食的生产情况，从粮食生产的总体特征、播种面积、总产量和单产量、种植结构以及种植区域进行分析，以期掌握我国粮食生产的具体情况。

### 2.1.1 粮食生产整体呈现上升趋势

中华人民共和国成立以来，我国粮食的生产整体呈现出产量大幅上升、播种面积基本稳定和单产不断提高的趋势（见图 2－1），粮食产量从 1949 年的 11 318 万吨上升到了 2017 年的 66 160. 7 万吨。在这期间，我国粮食产量并不是平稳上升的，播种面积和单产对增产的拉动程度也有很大区别。因此，可以根据不同的趋势将产量、播种面积和单产分为不同阶段进行考察。

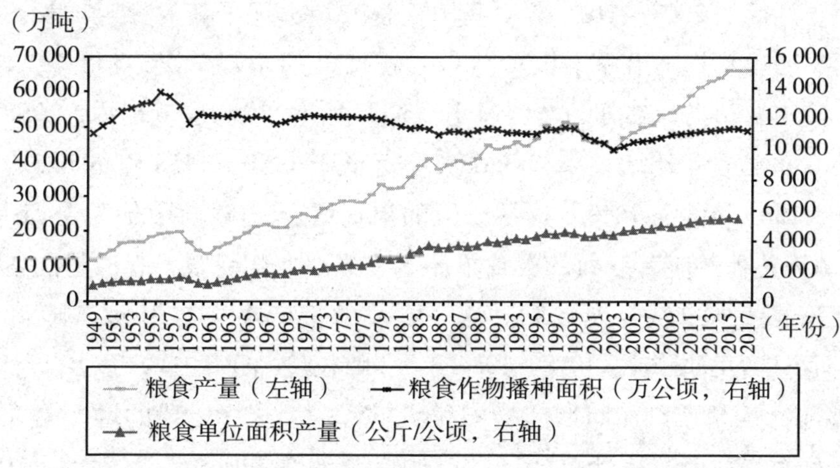


**图 2－1　1949～2017 年我国粮食产量、播种面积和单产变动趋势**

资料来源：根据国家统计局资料计算。

1949～1958 年是我国粮食产量跨越 2 亿吨的阶段。这一时期粮食增产主要是由于播种面积的增加。在这十年间，由于土地改革和恢复性生产等原因，我国粮食的播种面积增加了 16. 06%，拉动了我国粮食产量向 2 亿吨接近。1958～1977 年是我国粮食产量跨越 3 亿吨的阶段。这一时期，我国粮食产量虽然总体呈现增长趋势，但是由于受政治和气候等因素的影响，这一阶段的粮食生产出现了非常明显的波动，增产速度较慢。1978～1984 年是我国粮食产量跨越 4 亿吨的阶段。在这一阶段，得益于家庭联产承包责任制，我国粮食生产能力得到了极大的释放，仅 6 年时间粮食产量就增加 1 亿吨，年均增长率达到 4. 95%。1985～1996 年是我国粮食产量跨越 5 亿吨的阶段。这一时期，技术水平的提高拉动了我国粮食单产水平的明显增长，带动了我国粮食产量的增加。1997 年至今是我国粮食产量跨越 6 亿吨的阶段。这一时期，我国粮食产量呈现徘徊上升趋势，单产增长变慢，粮食总产在5亿吨上下波动。其中，1999～2003年出现了中华人民共和国成立后史无前例的粮食总产"五连跌"，下跌幅度达到15.28%；在随后的2004～2008年，在"五连跌"的教训下，我国开始出台各种政策支持、鼓励粮食生产，粮食总产量实现了恢复性增长，2008年粮食产量达到了下跌前（1998年）的水平；之后的2009～2015年，我国粮食产量出现了新的稳定增长。可以看出，虽然我国出现了粮食"十二连增"的乐观情况，但是，事实上，其中有相当一部分的增产属于"恢复性增产"。也就是说，1998～2015年的粮食年均增长率为3.63%，远低于1949～1958年的6.3%和1978～1984年的4.95%。这一阶段的粮食增产速度放缓的主要原因是"技术天花板效应"导致的粮食单产水平提高速度受限，总产量随着播种面积的减少或恢复而波动。这一阶段的增产本质与1949～1958年（因面积扩大而增产）、1978～1984年（因制度改革而增产）以及1985～1996年（因单产增加而增产）有很大的不同，这一阶段的增产是在播种面积面临约束、粮食单产增加空间有限的双重压力下实现的。2016年至今，由于国家农业供给侧改革和农药化肥减施行动，粮食产量有小幅波动，但是整体看波动不大。

### 2.1.2 播种面积波动中略有上升

从播种面积来看，30多年来，我国粮食总播种面积波动中有微小的增加（见图2-2）。从总体上看，播种面积的变化情况可以分为四个阶段。第一个阶段是在1999年之前，播种面积相对稳定，基本保持在8 000万公顷以上，于1999年达到最高点8 604万公顷。第二个阶段是1999～2003年，粮食播种面积出现了较为明显的下滑，这主要是由于自然灾害的发生、农业种植结构调整以及粮食价格低迷引起的其他作物对粮食播种面积的挤占。2003年，我国粮食播种面积一度跌落到7 257万公顷，为历史最低水平。第三个阶段为2003～2016年，播种面积在经历了2003年的最低点后，受粮食生产支持政策、粮食价格升高和需求拉动的刺激，粮食播种面积开始缓慢平稳上升，于2016年达到三十年来的最高值（11 923万公顷）。第四个阶段为2017年至今，受农业供给侧改革的影响，我国逐步调减玉米播种面积，粮食播种面积有一定下降。2017年，我国粮食播种面积达到11 799万公顷。

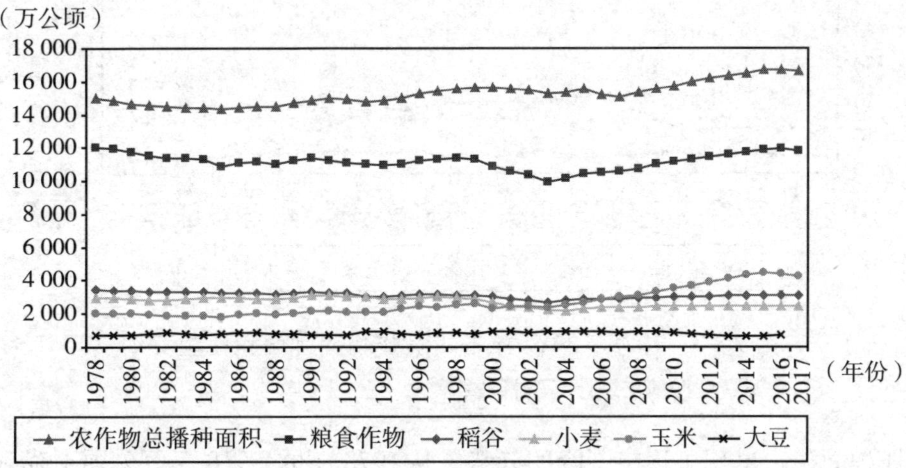


**图2－2　1978～2017年我国粮食作物播种面积变动**

资料来源：根据国家统计局资料计算。

但是，考察粮食播种面积占农作物播种面积的关系则会发现，在粮食播种面积扩大的同时，其占农作物播种面积的比重整体呈现出较为明显的下降趋势（见图2－3）。自1978年以来，我国的粮食播种面积在农作物播种面积中所占的比重在波动中逐渐下降，于2003年降到历史最低点（65.22%）。受该年份粮食大幅减产的警示，在此之后，我国政府对粮食生产更加重视，出台了一系列鼓励粮食生产的政策，包括最低收购价和粮食直补等。这些政策刺激了农民的种粮积极性，我国粮食播种面积有了一定的回升，但仍低于改革开放之初的水平。2017年，我国粮食播种面积占农作物播种面积的70.93%，比1978年降低了9.40个百分点。

分别研究三大粮食作物的播种面积可以发现，稻谷的播种面积呈现出先下降后上升的波动趋势，但波动幅度较小，稻谷播种面积占农作物播种面积的比重变动情况与粮食基本一致，即波动中缓慢下降。小麦的

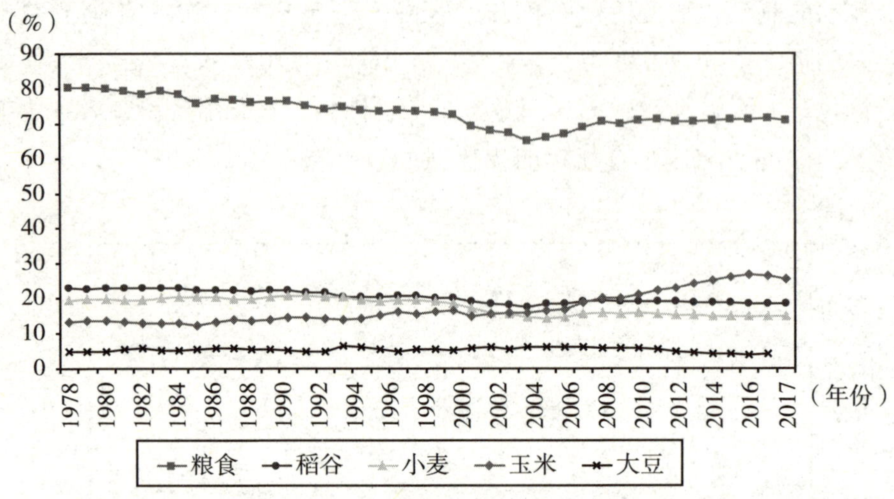


**图 2-3　1978~2017 年各粮食作物播种面积比重变动**

资料来源：根据国家统计局资料计算。

播种面积也出现了逐步下降的趋势，从 1978 年的 2 918.3 万公顷下降到 2017 年的 2 450.8 万公顷，但下降幅度并不明显。三大作物中，玉米播种面积稳步上升，除了 20 世纪初有轻微波动外，2016 年之前呈现出较为稳定的上升趋势。我国玉米播种面积于 2015 年达到峰值（4 496.8 万公顷），比 1978 年增加了 125.28%。但是 2016 年开始，受国家宏观战略影响，我国开始逐步调减玉米的播种面积。我国大豆播种面积的变化并不具有明显的一致趋势，播种面积一直在较低的水平（600 万~1 000 万公顷）波动。这在很大程度上是由于大豆的食用比重较低，更多的是作为油料或饲料使用，不属于"谷物"和"口粮"的范畴，播种面积缺乏稳定机制，更多的受国际和国内市场供求情况决定。

### 2.1.3　粮食产量增长趋势明显

#### 1. 总产量

整体来看，我国粮食总产量虽然出现过几次大幅波动，但增长趋势明显。2017 年底的粮食总产量已达 66 160.72 万吨，比 1978 年翻了一番。考察1978～2017年粮食生产的时间序列数据可以发现，我国粮食总产量变化中存在几个明显的异常点。以这几个点为基础，可以将我国粮食产量的变化情况分为不同的阶段进行观察。第一个阶段为1978～1996年。这一时期我国的粮食产量呈现出“小波动、大上升”的态势，粮食产量波动幅度不大，呈现出较为坚挺的上升趋势。这一时期的产量上升和生产能力的提高给我国粮食生产的进一步发展奠定了坚实的基础，确保了今后粮食生产在面临风险和波动的情况下能够基本满足人民的生活需求。第二个阶段为1997～2003年。由于制度对增产的拉动力已经释放完毕，加上播种面积的减少，这一阶段我国粮食产量出现了连续的下跌，2003年粮食产量甚至低于1990年的水平。第三阶段是2004～2015年。在这一阶段，各种政策的出台和粮食价格的提高刺激了粮食生产的持续上升，粮食产量出现了历史性的“十二连增”(见图2－4)。第四个阶段是2016年至今，受农业供给侧改革和农药化肥减施行动的影响，我国粮食总产量出现了小幅下降。

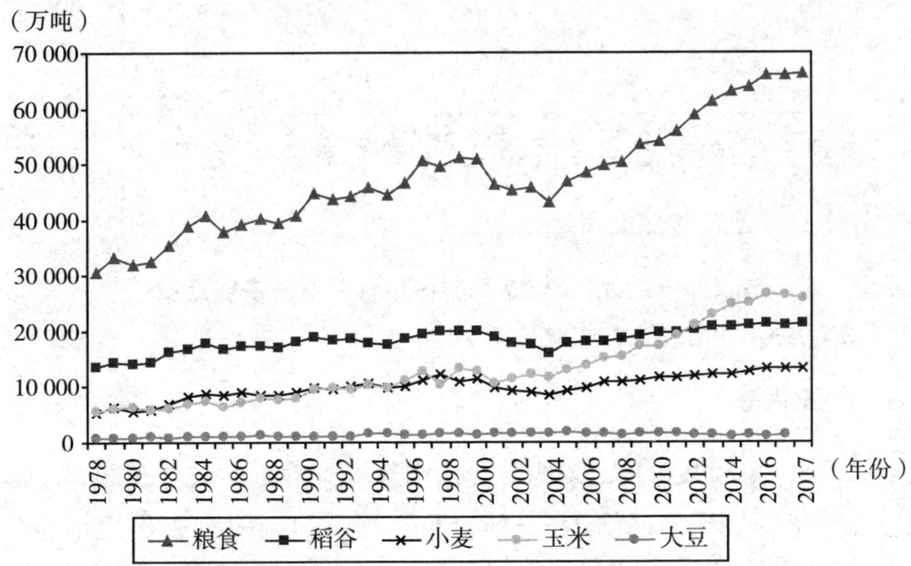


**图2－4　1978～2017年我国粮食及各作物总产量变动情况**

资料来源：国家统计局。

粮食产量年度变化率也是反映粮食生产情况的重要指标。从图2－5可以看出，2003年以前，我国粮食产量的年度变化率波动明显，而且出现了多次产量的负增长（1978～2003年共出现10次粮食产量的负增长）。同时，每次较大幅度的负增长后，都需要2～3年或者更长的时间来恢复。这说明，在这一时期，我国的粮食生产能力还很脆弱，容易受到不确定性因素的影响。但是，从2004年开始，我国粮食年度产量变动率振幅逐渐缩小并趋于平稳。这很大程度上是因为我国的粮食生产科技水平提高以及支持政策逐渐增多并具有了连贯性，能够在一定程度上帮助农民规避风险，稳定他们的种粮信心和对市场的预期，刺激他们的种粮积极性。从我国粮食总产量的年度变化率可以推测，我国粮食生产受到科技水平提升和政策支持力度变大以及资源约束趋紧、传统的制度和科技增产能力释放完毕的正反两方面影响，其波动性逐渐减弱，大幅的增产或减产的可能性降低。

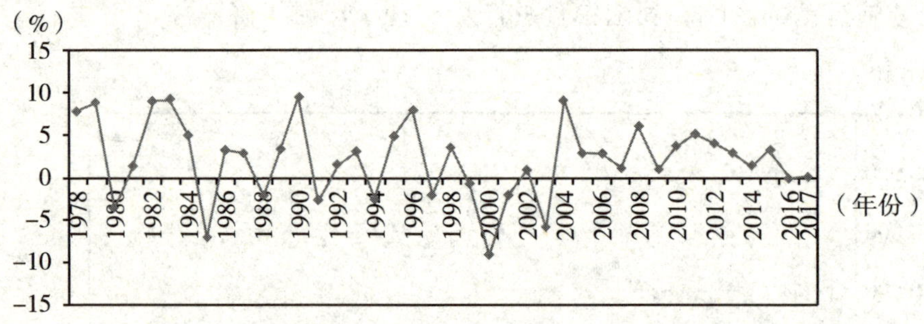


**图2－5　1978～2017年我国粮食年度产量变动率**

资料来源：根据国家统计局统计资料计算。

**2. 单产量**

通过以上的分析可以看出，我国的粮食总产量在播种面积基本稳定的趋势下仍然能保持增长，粮食单产提高起到的重要作用不容忽视。图2－6、图2－7分别显示了1978年以来我国粮食单产量和单产量变动率的情况，可以得到以下两点特征。

第一，从图2－6可以看出，我国粮食的平均单产增长趋势明显，2017年粮食单产达到5 607.36公斤/公顷，为1978年的2.22倍。这与

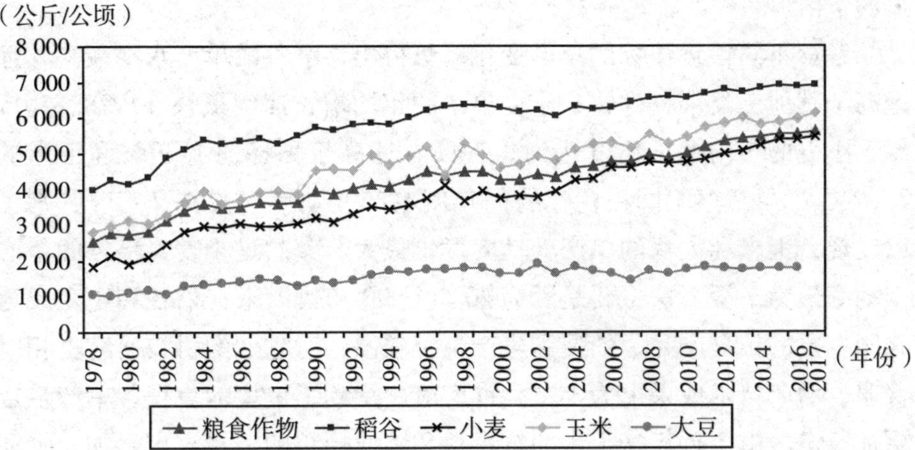


**图 2－6　1978～2017 年我国粮食、稻谷、小麦、玉米及大豆单产量变动**

资料来源：根据国家统计局资料计算。

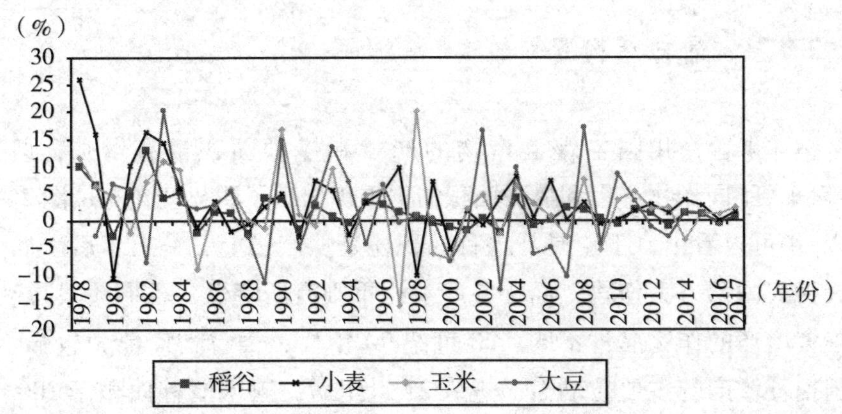


**图 2－7　1978～2017 年我国稻谷、小麦、玉米和大豆的单产量变动率**

资料来源：国家统计局。

我国农业科技进步水平的不断提高、农业技术推广体系的完善和农业基础设施的逐步改善是密切相关的。

第二，我国粮食单产增速放缓，短期内难以出现大幅度的提高。2003～2007 年，我国粮食作物、稻谷、小麦、玉米的年均单产增幅分别为 1.88%、1.20%、3.22%和 1.43%，而 2013～2017 年，年均增速分别为 0.61%、0.59%、1.63%和 0.31%，与十年前相比都呈现出明显的下滑。

考察不同粮食作物的单产变化趋势得出，稻谷的单产水平最高，远远高于其他三类粮食作物；小麦单产的年均增长速度最快，1978～2017年，小麦的年均增长速度达到2.76%，远高于稻谷的1.39%和玉米的2.2%。如果考察不同粮食作物的年度单产变动率（见图2－7），则可以发现，玉米和大豆的单产变动率振幅最大，其次是小麦，稻谷的单产变动率最为平缓。这主要是因为20世纪90年代以来，稻谷和小麦成为我国主要的粮食产品，消费和生产量都较高，对它们的科技研究也相对普遍，增产技术成果更为丰富，推广应用受到了更多的重视，单产量也更加稳定。由于近年来玉米的饲料粮和工业用粮的消费需求增加，带动了对玉米生产技术的重视，稳定了玉米单产，减弱了玉米单产变动率的振幅。

### 2.1.4 品种结构变动较大

整体来看，我国各粮食作物的产量和播种面积都有增加，但是，30年间，不同作物产量和播种面积的比重仍出现了明显变化。从图2－3、图2－4可以看出，不论是从播种面积还是从产量上看，玉米后来居上，已成为我国第一大作物，而稻谷所占比重则有所降低；不同阶段拉动我国粮食增产的作物品种不同。20世纪90年代，稻谷增产能力较强，是我国粮食增产的主要拉动力。进入21世纪后，玉米播种面积于2002年超过小麦，2007年超过稻谷，总产量在2012年超过稻谷，成为第一大粮食作物，也成为粮食“十二连增”和粮食产量成功跨越6亿吨的主要动力。从图2－3中还可以发现，三大谷物占粮食总量的比重很高，直接决定了我国粮食的供给水平。2017年其播种面积占粮食总播种面积的82.77%，总产量占91.61%。

### 2.1.5 生产布局发生明显改变

按照中国工程院重大咨询项目“国家食物安全可持续发展战略研

究”的分区，根据农业自然资源、生产条件、技术水平和增产潜力等因素，可将我国划分为南方、北方和西部三部分①进行考察。整体来看，我国的粮食区域布局在过去的30年间发生了以下两点重要变化。

第一，我国的粮食生产中心逐渐北移，北方省份承担了更多的粮食安全保障责任。在改革开放之初，南方因光热、水土、气候等资源优势，粮食产量占全国总产量的40%以上；而西部由于水土资源相对贫瘠，粮食产量仅占全国总产量的1/4左右。但是，随着南方工业化和城镇化的推进，其土地、水资源和人力资源等向第二、第三产业倾斜，因此，从图2-8可以看出，南方省份粮食产量在全国粮食产量中所占的比重越来越小，目前已不足30%，而北方各省份则承担了更多的粮食生产任务，粮食生产能力不断提高，在全国粮食产量中所占的比重也不断提高。2017年，北方粮食产量占全国粮食产量的50.08%。

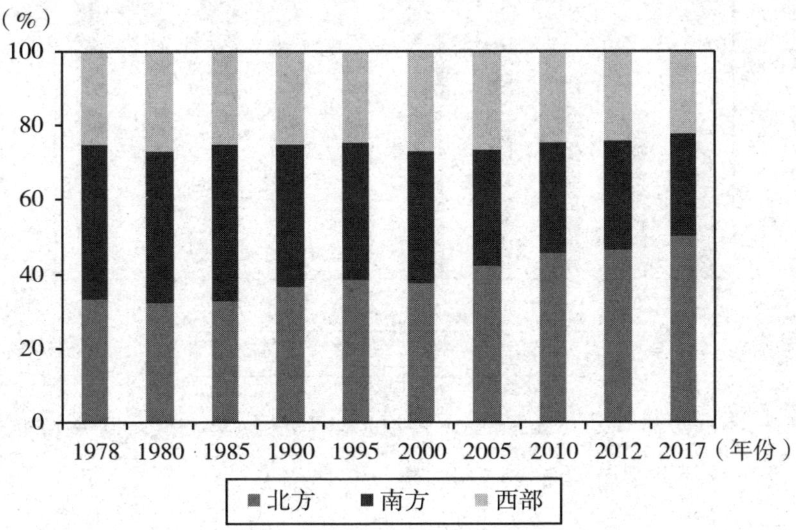


**图2-8　1978~2017年北方、南方和西部粮食产量所占比重变动**

资料来源：根据国家统计局资料计算。

① 北方指黑龙江、吉林、辽宁、山东、河北、内蒙古、河南7个粮食主产区和北京、天津2个主销区。南方是指湖南、湖北、江西、安徽、江苏5个粮食主产区和上海、广东、浙江、海南、福建5个主销区。西部包括宁夏、甘肃、西藏、新疆、山西、陕西、青海、云南、广西、贵州、重庆11个粮食平衡区和四川1个粮食主产区。

第二，我国的粮食生产集聚效应更加明显，主产区粮食生产能力越来越强。从图 2－9 可以看出，我国的粮食主产区的粮食产量增长明显，在粮食产量中所占的比重也最大，1978～2017 年，我国 13 个粮食主产区生产了全国 70%～75% 的粮食。近十年来，我国粮食的增产基本都源于主产区。平衡区粮食产量有所增加，但所占比重变化不大，1978～2017 年，平衡区粮食产量翻了一番，但所占比重基本保持在 16%～18%。粮食生产区域变化最大的是粮食主销区，其粮食产量降低，在全国粮食产量中所占的比重越来越小。到 2017 年，主销区粮食生产所占的比重为 5.81%，与 1978 年相比下跌了近 8.69 个百分点。

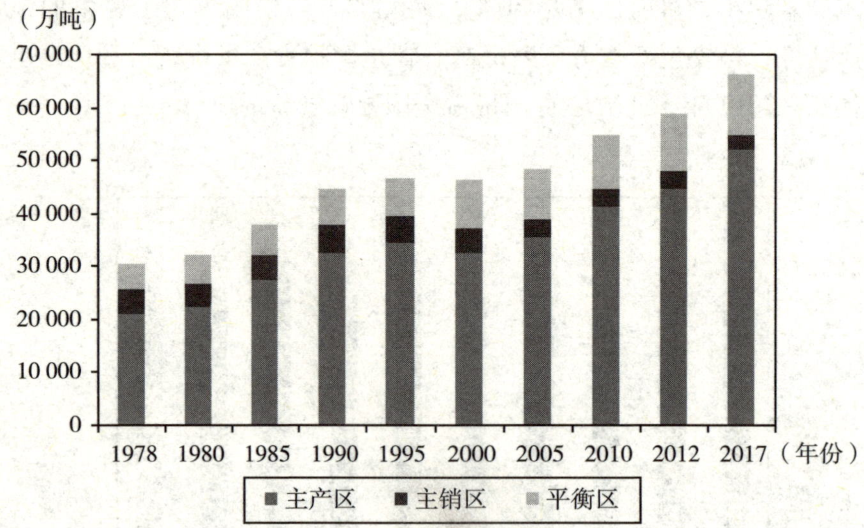


**图 2－9　1978～2017 年粮食主产区、主销区和平衡区粮食产量变动**

资料来源：根据国家统计局资料计算。

## 2.2 需求方面

自 20 世纪 80 年代以来，我国粮食消费总量基本稳定，略有波动。供给数量短缺问题对我国粮食供求平衡的影响已经显著地趋于减弱；需求的结构性变化对粮食供求平衡的影响显著增强。影响我国粮食安全的主要问题开始向需求转变。

由于我国谷物的消费占粮食消费的90%以上，而粮食安全又重在“保障谷物的自给和保证口粮的绝对安全”（政府工作报告，2014），因此，本部分将主要研究粮食中的谷物消费量。

### 2.2.1 消费数量呈现平稳上升趋势

作为生活必需品，粮食具有较强的不可替代性，需求弹性很小。粮食消费总量的增加主要源于人口增加和居民消费结构变化引起的刚性需求增加。

考察总消费量可以发现，我国谷物的总消费量波动幅度不大，增长趋势明显，1978～2012年谷物消费量增长了95.81%。[①] 从图2－10中可以看出，我国谷物消费量在1981～1984年和1992～1996年出现过两次速度较快的增长。这两个阶段的平均增长率分别达到了5.82%和3.59%，远远高于1978～2012年的平均增长率（1.96%）。对比这两个

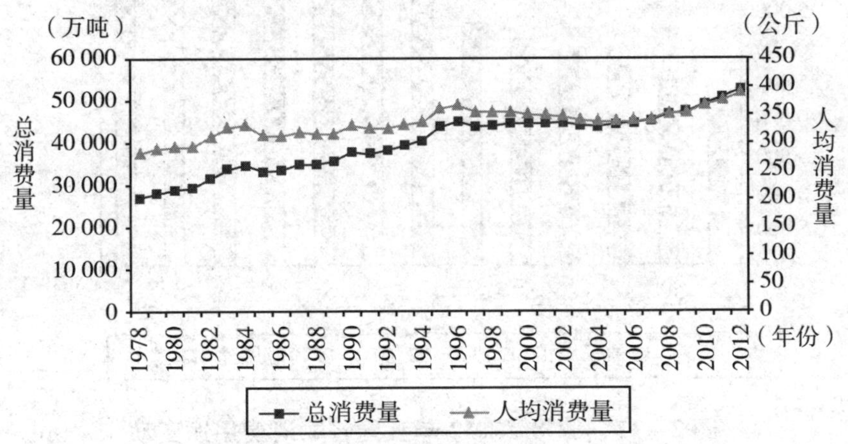


**图2－10　1978～2012年我国谷物消费总量和人均消费量变动**

资料来源：根据国家统计局、中华粮网及联合国粮农组织数据库资料计算。

① 国家统计局于2013年调整了食物消费的统计范围，按照新的统计口径计算的谷物总体消费量和人均谷物消费量与2012年之前的数据不具有可比性，但变化趋势基本一致。

阶段的人均消费量的变动趋势可以发现，两者具有较为一致的变动趋势。可以推测，这两个阶段谷物消费量的突然上升是由人均谷物消费量的上升引起的。考察人均消费量可以发现，1978～2012年，我国粮食的人均消费量增长了39.20%，远低于总消费量的增长幅度。因此，可以判断，我国粮食消费量的整体增长受到了人口增长的影响。

### 2.2.2 不同消费用途变化趋势差异较大

从用途上看，我国谷物消费主要包括口粮消费、饲料粮消费、工业用粮消费和加工消费。图2－11显示了1978～2012年我国不同消费类型的谷物消费变动情况。整体来看，口粮消费所占比重最大，饲料粮消费增长速度最快，其他消费类型所占比重较小。

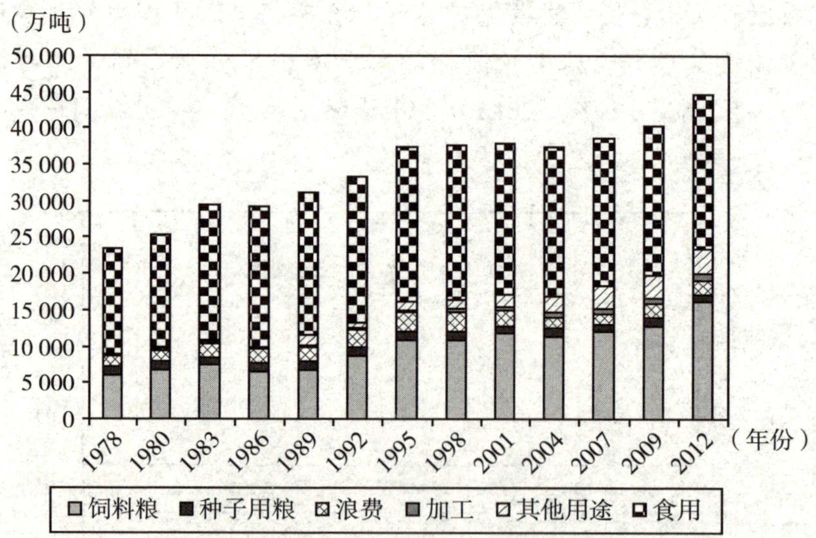


**图2－11　1978～2012年我国谷物消费用途变动**

资料来源：根据国家统计局、中华粮网及联合国粮农组织数据库资料计算。

消费量所占比例最大的是口粮，但其近年来有逐渐减少的趋势。具体来看，口粮消费量经历了先增加又减少的过程。1978～1996年，随着我国粮食供给的增加，口粮的需求完全转化为口粮消费，口粮消费量迅速增加，并于1996年达到峰值（21 376.2万吨）。此后，由于居民生活水平的提高，越来越多的摄入蛋白质性食物，因此，我国口粮消费量逐渐减少，在谷物消费中所占的比重也迅速降低。2012年，我国口粮消费量占谷物总消费量的47.51%，比1985年的峰值（66.21%）降低了18.7个百分点。从图2－12可以看出，稻米是我国口粮的主要消费品种，其所占比重基本保持在50%左右。其次是小麦，在口粮消费中的比重虽然有一定波动，但也基本保持在40%上下。另外，口粮消费中还有少量的玉米和其他小杂粮，随着生活水平的提高和种植结构的改变，小杂粮的消费比重越来越小。

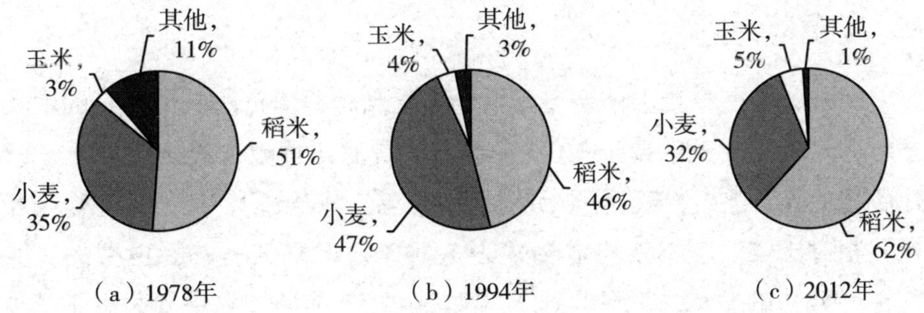


**图2－12　各粮食作物在口粮消费中所占的比重**

资料来源：根据国家统计局、中华粮网及联合国粮农组织数据库资料计算。

消费增长速度最快的是饲料粮，其消费量呈现出明显的上升趋势。2012年，我国饲料粮消费量约为16 103万吨，比1978年翻了一番。这说明，随着我国居民对动物性食品消费量的增加，作为引致需求的饲料粮消费量也不断增加。值得注意的是，虽然饲料粮在谷物消费中所占的比重呈上升的趋势，但是上升幅度并不大，2012年饲料粮消费量占谷物消费量的比重（36.10%）比1978年（25.48%）上升了10个百分点。

另外一个不容忽视的消费途径就是粮食的损耗和浪费，其中包括储存损耗、加工损耗和餐桌浪费。其中，由于缺少科学的储存技术和完备的储存设施，我国农户家庭粮食储存平均损失率高达5%～8%，全国每年因此损失粮食约110亿～175亿公斤。餐桌浪费量同样不容忽视，据估计，我国2007～2008年仅餐桌浪费的食物蛋白质就达800万吨。整体来看，包括收获、储藏、运输、加工、消费等过程的损耗，我国粮食的总损失率可达到18.1%，而国际先进国家总损失率在10%左右。

### 2.2.3 各类作物消费特征突出

虽然各类粮食作物的消费量都呈现出了增长的趋势，但是，各粮食作物所面临的需求形势有较大的差别，以下内容将分别分析我国的三大谷物的需求情况及主要消费用途，以期摸清我国粮食消费的品种特征。

#### 1. 稻米

稻米曾一度是我国消费量最大的粮食品种，但目前其消费量的增长趋势已经放缓（见图2－13），占谷物消费的比重也已经大大降低。从消费变动趋势上看，我国稻米消费量虽然有一定波动，但与其他作物相比，相对比较平缓，年均增长率为1.14%。但是其占谷物消费的比重却由1978年的39.24%降低到了2012年的32.47%，这主要是由于其他粮食作物消费量的激增引起的。

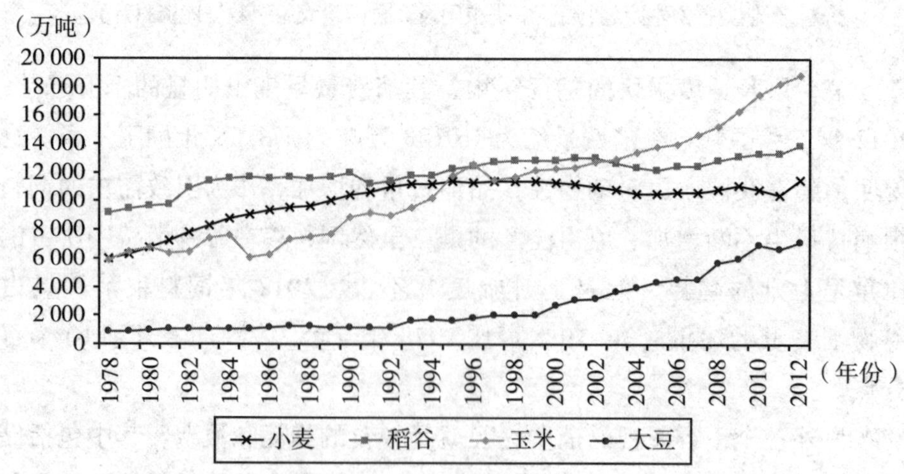


**图2－13 1978～2012年我国粮食作物消费量变动**

资料来源：根据国家统计局、中华粮网及联合国粮农组织数据库资料计算。

从消费用途上看（见图2－14），稻米主要用于食用，其食用消费量占总消费量的比重基本保持在80%左右。稻米的饲料消费所占比重较少，虽然饲料消费数量有一定的上升，但是，所占比重基本没有变化，基本保持在9%左右。这说明由于饲料产业的发展和稻米与其他粮食作物比价关系，农户选择稻米作为饲料的意愿并不强烈。稻米的种子消费因农业科技进步而逐渐减少，近五年来，种子用粮占稻米消费总量的3%左右，比1978年下降了2个百分点。

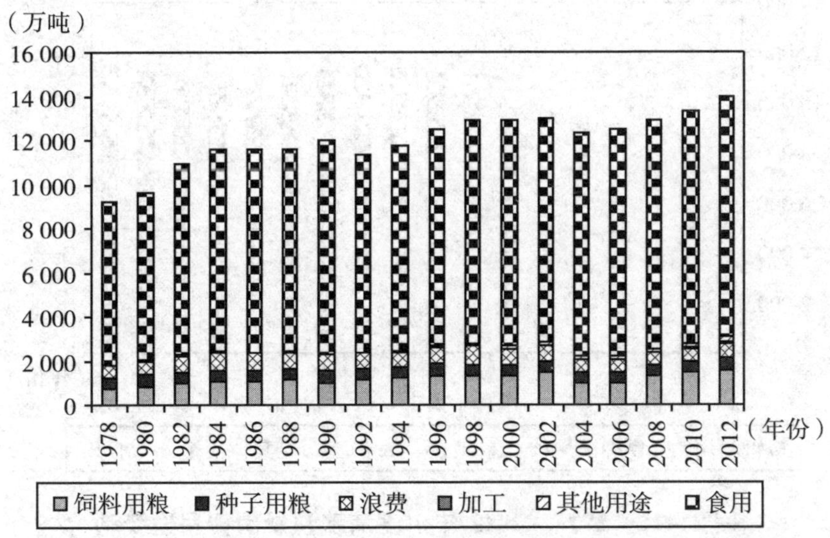


**图2－14　1978～2012年稻米消费量及消费用途变动**

资料来源：根据国家统计局、中华粮网及联合国粮农组织数据库资料计算。

## 2. 小麦

小麦是我国仅次于稻谷的第二大粮食作物，是我国北方居民的主要口粮来源。整体来看，我国小麦的消费曲线呈现出非常明显的上凸形状，说明小麦消费量以逐渐放缓的增长速率达到峰值后以越来越快的速度下降。具体来说，小麦的消费量在1997年达到最高点（11 400.9万吨），国内小麦消费量开始逐年下降，至2004年一度减少到10 088万吨（见图2－15），5年内的平均下降速度达到1.45%。此后，我国小麦消费数量又开始出现了缓慢增加的趋势。从小麦消费量占粮食消费总量的比重看，由于存在传统的竞争作物稻米和消费量后来居上的玉米，小麦的消费量占粮食消费总量的比重一直比较稳定，保持在30%左右。从小麦消费用途来看，小麦主要用于口粮消费，消费量基本稳定在9 000万吨以上，占小麦消费量的比重长期稳定在87%～88%。而小麦的种子用粮、工业用粮和饲料用粮的消费比例很低。

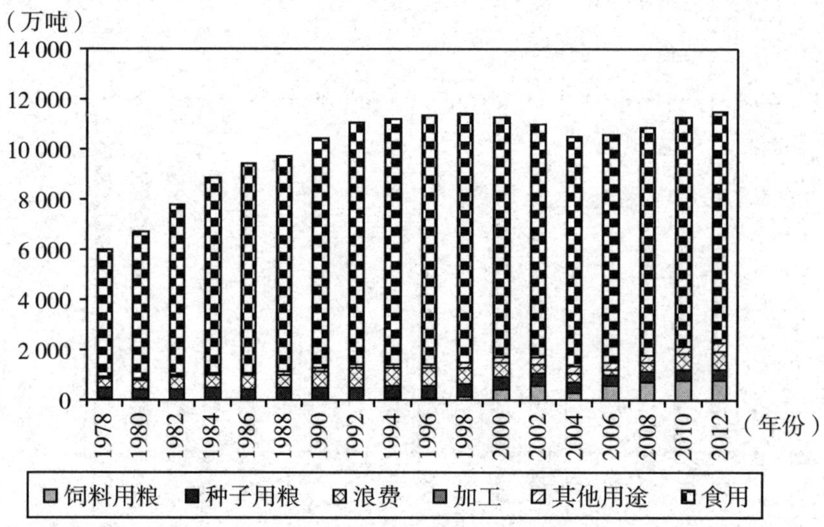


**图2－15　1978～2012年小麦消费量及消费用途变动**

资料来源：根据国家统计局、中华粮网及联合国粮农组织数据库资料计算。

### 3. 玉米

由于玉米多种用途开发，我国玉米的消费量整体呈现出非常迅速的上升趋势。1978～2012年，我国玉米消费量由5 930.9万吨上升到18 800万吨（见图2－16），年均增长率达到3.5%。其消费量在1995年超过小麦，在2002年超过稻米，成为我国消费量最大的粮食作物，2012年，玉米消费量占谷物消费总量的比重达到35.96%。

从消费用途上来看，我国玉米主要用于饲料消费。玉米的饲料消费量占玉米消费总量的比重一直保持在70%以上。2012年，饲用玉米的消费量达到了12 915.6万吨，占粮食总消费量的比重高达24.70%。因

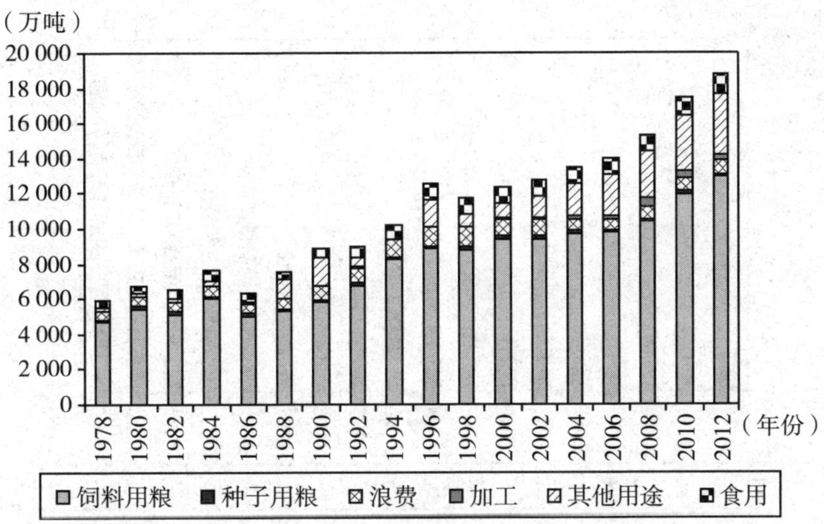


**图2－16　1978～2012年玉米消费量及消费用途变动**

资料来源：根据国家统计局、中华粮网及联合国粮农组织数据库资料计算。

此，满足玉米消费重点就是满足其饲料消费需求。另外，近年来，玉米消费用途中，由于玉米淀粉、乙醇及其衍生产品生产的发展，玉米的加工及其他用途消费量的增长也较为显著。

**4. 大豆**

我国大豆消费量的变动情况非常特殊，出现了消费量在短期内的突然增加。具体来看，1978～1992年，我国大豆的消费量基本稳定在1 000万吨左右；从1993年开始，由于我国居民的生活水平的提高以及对食用油和蛋白质饲料的需求增加，我国大豆需求量突然激增，1993～2012年，我国的大豆消费量增长了4.39倍（见图2－17）。

从消费用途来看，在改革开放之初，我国大豆的消费中，食用消费和加工消费量几乎相同，但是，随着大豆加工业（主要是榨油业）的发展，我国用于加工的大豆数量越来越多，2012年达到5 497万吨。由此来看，满足大豆消费重点是满足其加工消费需求。

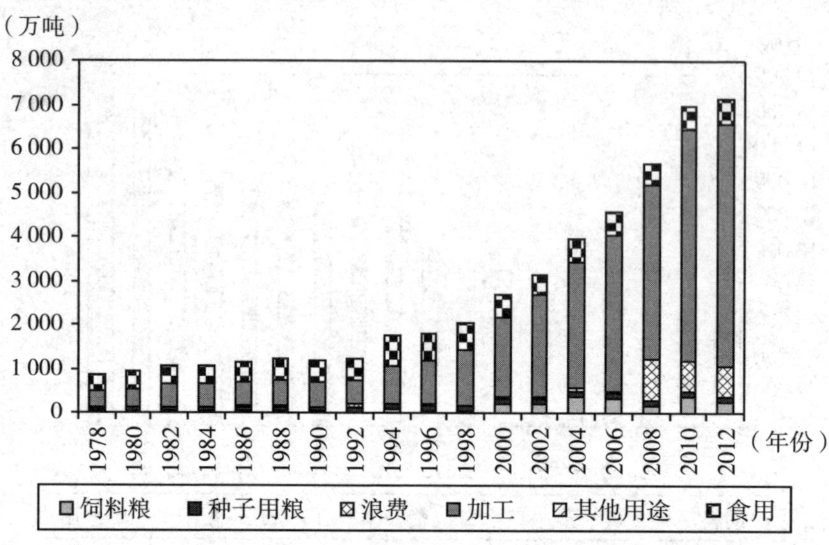


**图 2-17　1978~2012 年大豆消费量及消费用途变动**

资料来源：根据国家统计局、中华粮网及联合国粮农组织数据库资料计算。

## 2.3 本章小结

本章从粮食生产的总体特征、播种面积、总产量和单产量、种植结构以及种植区域分析了粮食供给情况，从数量、用途和品种上分析了我国粮食的消费情况，得到以下结论。

从生产来看，中华人民共和国成立以来，我国粮食生产数量整体呈现上升趋势，但存在较大波动；各类粮食作物播种面积的变化不大，稳中稍升；三大谷物占粮食总量的比重很高，直接决定了我国粮食的供给水平，在粮食生产中，玉米已经取代稻谷，成为我国第一大粮食作物；我国粮食的生产格局在过去的三十多年中发生了重要改变，重心逐渐向北方转移，粮食主产区承担了更多的粮食增产任务。从消费来看，我国粮食消费数量增长明显，其中口粮消费所占比重最大，但数量逐渐减少，饲料粮消费增长速度最快，其他消费类型所占比重较小。我国目前消费量最大的粮食作物是玉米，主要用于饲料粮消费；其次是稻谷和小麦，主要用于口粮消费。

# 第3章

# 我国“四化”的发展水平及趋势

“四化同步”是在之前“三化同步”的基础上丰富发展而来的，于2012年在党的十八大上被首次提出。本章将分别分析“四化”的发展水平和阶段，并分析它们给我国经济社会带来的影响，为下一步讨论其对粮食的影响提供背景依据。

## 3.1 “四化同步”推进的提出

2012年，我国城镇化率首次突破50%，表明我国已经告别了以乡村型社会为主体的时代，进入以城市型社会为主体的新时代。截至2017年底，全国城镇人口已经达到8.13亿人，达到了58.52%。随着农村人口向城镇的不断转移，我国农业和农村的发展必将面临新问题和新挑战，在此情况下，党的十八大提出了中国特色的“四化”目标，即坚持走中国特色新型工业化、信息化、城镇化、农业现代化道路，推动信息化和工业化深度融合、工业化和城镇化良性互动、城镇化和农业现代化相互协调，促进工业化、信息化、城镇化、农业现代化同步发展。

可以预见，在“四化”的影响下，我国农业发展、特别是粮食产业的发展都会面临巨大的挑战和机遇。首先，城镇化和工业化不仅会影响我国粮食的生产和流通，也会对我国的粮食消费产生重要影响；其次，工业化、信息化和农业现代化还将对我国的粮食生产规模、要素投入、流通方式产生影响。因此，认真分析我国"四化"的发展水平和发展目标将会为下一步研究"四化"对我国粮食安全的影响提供有力的背景支持。

## 3.2 城镇化的发展趋势及影响

城镇化指农村人口持续向城镇集聚的过程，是工业化进程中必然经历的历史阶段。城镇化率的高低是衡量现代化水平的重要标志。本节将对我国城镇化的发展阶段和水平，以及我国城镇化发展对经济社会的影响进行分析，为下一步研究"四化"背景下的粮食问题提供完整的背景。

### 3.2.1 城镇化的发展趋势和水平

从中华人民共和国成立到现在，我国的城镇化发展阶段在宏观经济、社会发展水平以及政策因素的影响下，经历了不同的阶段，大致可以分为萌芽阶段、徘徊发展阶段、停滞不前阶段、全面启动阶段、加速发展阶段和新型城镇化阶段（见图3-1）。

**1. 萌芽阶段（1949~1957年）**

1949年，我国城镇人口为5 765万人，占总人口数的10.64%，城镇化水平极低。随着党的七届二中全会的召开，党中央提出工作重心由农村转向城市，同时制定并实施了包括没收官僚资本、稳定城市物价、制定法律法规等一系列措施，这些措施使我国政府迅速掌握了国家经济命脉，稳定了城市生活生产，恢复了城市的生产力，提高了城市居民的生活水平。1949~1953年，我国新设镇3 402个，新设市31个，城镇

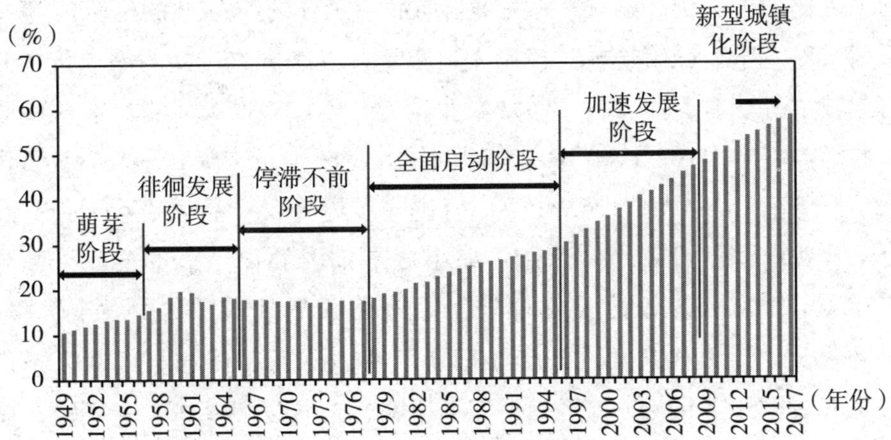


**图3－1　1949～2017年我国城镇化发展的历史阶段**

资料来源：根据国家统计局资料计算。

化率达到了13.31%，城镇人口达到了7 826万人。在1953年开始的第一个“五年计划”阶段，我国城市共启动了156项重大项目，这些工程吸引了大量的农村剩余劳动力转移到了工厂或矿区，出现了我国的第一批农民工。另外，在这一阶段，我国还出台了关于城乡建制的法律，例如，《国务院关于设置市、镇建制的决定》《国务院关于城乡划分标准的规定》，促进了城镇化的健康规范发展。这些因素都有力推动了我国城镇化的发展。到1957年，我国城镇数量达到了176个，城镇人口达到9 949万人，城镇化率为15.39%。

**2. 徘徊发展阶段（1958～1965年）**

从1958年开始，我国受“左”倾政策的误导，在全国范围内开展了农村劳动力大规模转入城镇的运动。两年时间，城镇化率由1958年的16.25%跃升至1960年的19.75%。城市数量也由1957年的176个上升到了1961年的208个。由于这段时间城镇化推进速度过快，农业和农村基础不牢固等原因，我国城乡经济陷入困境。因此，从1961年开始，中央为扭转农业，特别是粮食生产造成的饥荒等不利局面，先后颁布了《关于减少城镇人口和压缩城镇粮食销量的九条办法》《关于精减职工工作若干问题的通知》《关于当前城市工作若干问题的指示》等一系列文件，压缩城市规模、控制人口数量，以减少农产品的需求量，并引导城镇劳动力返回农村，参加农业生产，增加农产品供给。在这些政策的影响下，1961～1963 年，全国城镇人口减少了 1 061 万人，城镇化水平下降至 16.84%。1963 年，为了进一步提高农产品供给水平，又出台了《关于调整设置市镇建制、缩小城市郊区的指示》等文件，进一步提高了城市和城镇的设置标准，并缩小城市范围，减少城市数量。1964～1965 年，国家又进一步撤销了一些由于商品流通不畅、无条件为“三线”服务的小城市。到 1965 年底，全国仅剩 2 902 个城镇，城镇化水平约为 18%。总之，在这一阶段，我国城镇化发展受错误的政策与理论影响，发展进程反复曲折，城镇化率在徘徊中略有提高。

**3. 停滞不前阶段（1966～1977 年）**

从 1966 年开始，受“文化大革命”的影响，我国城镇化受到极大挫折，发展停滞不前。1968 年开始的“上山下乡”运动将大批城镇人口下放到农村，降低了城镇人口比重。据统计，约有 2 000 万城镇知识青年到农村插队落户，约有 3 000 万城镇职工、干部及家属下放到农村，是人类现代历史上罕见的从城市到乡村的人口大迁移。另外，“三线建设”的重视导致了城镇建设投资减少，城镇化发展受阻。1966～1974 年，我国城市数量仅增加了 10 个，城镇化率降了 0.7 个百分点。在“文化大革命”后期，随着知识青年的逐渐回城，我国城镇化进程得到了一定的恢复，1977 年城镇化达率为 17.55%，基本回到了 1968 年的水平。

由之前三个阶段可以看出，1949～1977 年的 28 年间，我国城镇化率仅仅上升了 6.9 个百分点（由 10.64% 上升至 17.55%）。在这一阶段，我国对城镇化发展重视程度不足，发展目标不明确，导致城镇化率较低，城镇化发展进程缓慢，由农村转移到城镇的人口非常少，城镇人口的增加主要依赖于人口的自然增长。从推进机制上来看，这一时期我国的城镇化发展更多依靠行政推动，而不是经济发展的带动。从结果来看，这时期我国为了保证某些政策的推行而设立或不断加强的户籍、住宅、医疗、就业、教育、养老等制度，强化了我国的城乡二元结构，建造起了将城乡隔离的壁垒，阻碍了城乡互动、城镇化发展乃至整个国民经济与社会的健康发展。其中很多因素对城镇化的负面影响至今仍没有完全消除。

**4. 全面启动阶段（1978～1995年）**

1978年党的十一届三中全会启动了经济社会改革，在这一时期，我国城镇化发展回归正轨、全面启动。截至1995年，全国城市数量增加到640个，农村建制镇增加到17 282个，分别比1978年增加了449个和14 432个。城镇人口数量也比1978年增加了4倍，城镇化率达到29.04%，比1978年增加了11.12个百分点。这一阶段我国城镇化率增长较快的主要原因有以下三点：第一，1978年后的“拨乱反正”取消或调整了之前一些不利于城镇化发展的政策，大约有2 000万知识青年和下放干部返城，高考的全面恢复和迅速发展也使一批农村学生进入城市；第二，农村家庭联产承包责任制的实行提高了农业劳动生产率，使农村出现了剩余劳动力，这些劳动力向城镇的转移成为城镇化发展的重要动力；第三，在市场经济的引导下，许多地方的乡镇企业异军突起，吸纳了大量农村劳动力到这些企业就业，使相当规模的农村劳动力脱离了农业生产成为乡镇企业职工，其中很大一部分进入了城镇，直接推动了全国城镇化的发展。

**5. 加速发展阶段（1996～2011年）**

1996年至今，随着我国经济社会发展水平的不断提高和我国对城镇化建设的日益重视，我国城镇化速度明显加快。这一阶段，虽然我国城市和乡镇数量变化不大，但其规模不断扩大，城镇人口增长迅速。2011年，我国城镇人口达69 079万人，城镇化率历史性的突破50%，比1996年增长了20个百分点，年均增长率达到了3.53%。因而，这一时期成为我国历史上城镇化发展速度最快的阶段。究其原因，主要有以下三点。第一，市场经济的全面建立为城镇化快速发展提供了有利的环境，农村剩余劳动力的转移更加便捷，融入城市的渠道增多。第二，国家政策的调整和对城镇化发展的正确认识有力推动了我国城镇化的快速发展。1996～2011年，我国城镇人口的增长更多的依赖经济发展对农村人口的吸引，而不是行政推动，市场机制在城镇化发展中的作用力愈加增强。第三，政府更加关注城乡二元结构的改革，逐步破除城乡壁垒，为农村居民进入城镇提供条件。

**6. 新型城镇化阶段（2011年至今）**

2011年以后，针对上一阶段城镇化快速推进中出现的新问题（如转移人口难以融入城市、土地城镇化问题等），我国提出了新型城镇化战略，即以城乡统筹、城乡一体、产城互动、节约集约、生态宜居、和谐发展为基本特征的城镇化，是大中小城市、小城镇、新型农村社区协调发展、互促共进的城镇化。为此，我国出台了《国家新型城镇化规划（2014—2020年）》等相关政策文件，明确了未来城镇化的发展路径、主要目标和战略任务。

尤其值得注意的是，我国新型城镇化的核心在于不以牺牲农业和粮食、生态和环境为代价，着眼农民，涵盖农村，实现城乡基础设施一体化和公共服务均等化，促进经济社会发展，实现共同富裕。

### 3.2.2 城镇化的发展目标及影响

从上面的分析可以看出，我国已进入新型城镇化时期，预计到2050年有75%的人口居住在城市。城镇化将给我国的各产业发展以及居民生活习惯、社会结构等带来一定的影响。

第一，城镇化有利于提高生产力水平和市场化水平，促进社会事业发展。城镇化是我国市场经济增长的重要推动力，它有助于普及基本公共服务，也有助于缩小城乡差距。人口在城镇中的聚集会产生显著的规模经济效应，而规模经济的直接后果就是耕地的边际成本、更大的市场空间和更高的利润水平。因此，城镇将会成为我国市场经济中最具有活力的区域。另外，城镇一般具有更好的基础设施和社会服务等，因此，城镇化还有利于普及基本公共服务，提高公共服务的质量，从而促进人民教育水平和健康水平的提高。从长期看，城镇化还有助于促进公平的发展，逐步缩小城乡和地区发展差距，是我国消除城乡二元结构，解决“三农”问题的重要途径。第二，城镇化在短期内可能会扰动我国农产品供求平衡。随着农村人口向城市的聚集，我国农村人口和农业从业者越来越少，这意味着农产品的生产者减少，而纯消费者数量则不断增加。在目前我国多种农产品供给平衡趋紧的情况下，农业生产力（特别是高素质农业生产力）的减少，必然会影响我国农产品生产，扰动我国农产品的供求平衡状态。第三，城镇化可能会给我国资源环境带来新的压力。城镇化的发展势必会引起土地和水资源需求量的增加，而城镇人口的增加也会增大区域性资源的承载压力。从土地资源看，在快速城镇化进程中，我国城市居住用地、工业用地、建设用地等土地需求量都在增加；从水资源看，我国城市用水需求迅速增加，越来越多的城市处于缺水状态。另外，城市环境污染、能源消耗急剧增加都是城镇化继续推进将会面临的问题。

## 3.3 工业化的发展趋势及影响

工业化是指工业（特别是其中的制造业）或第二产业产值（或收入）在国民生产总值（或国民收入）中比重不断上升的过程，以及工业就业人数在总就业人数中比重不断上升的过程。工业化是现代化的核心内容，是传统农业社会向现代工业社会转变的过程。

### 3.3.1 工业化的发展趋势和水平

与城镇化衡量指标不同，工业化目前没有一个固定的衡量指标，常用的衡量指标有以下三类：收入性指标（根据不同的人均收入水平来划分工业化的不同阶段）、结构性指标（包括农业增加值占 GDP 比重、农业就业人数占全部就业人数的比重以及城镇人口比重）以及我国最常采用的工业化综合指数法，即选取不同的 5 个指标（人均 GDP、三次产业产值比、制造业增加值、人口城镇化率和第一产业就业人数所占比重），并赋予不同的权重，并将该综合指数从 0～100 赋值，分别对应不同的工业化阶段（见表 3－1）。

**表 3－1　社科院工业化综合性评价方法各阶段的划分**

| 阶段 | 前工业化 | 工业化初期 | | 工业化中期 | | 工业化后期 | | 后工业化 |
|---|---|---|---|---|---|---|---|---|
| | | 前半段 | 后半段 | 前半段 | 后半段 | 前半段 | 后半段 | |
| 工业化综合指数 | 0 | (0.17] | [17,33) | [33,50) | [50,66) | [66,83) | [83,100) | 100 |

资料来源：黄群慧、李芳芳等，《工业化蓝皮书：中国工业化进程报告（1995～2015）》，社会科学文献出版社 2017 年版。

根据社科院的评价方法，我国的工业化进程可以分为以下几个阶段。第一个阶段是 1949～1995 年，这一时期我国工业化较低，水平综合指数为 12，表明我国还处于工业化初期的前半阶段。第二阶段为 1996～2000 年，我国的工业化水平综合指数达到了 18，标志着我国已经进入工业化初期的后半阶段。第三个阶段为 2001～2005 年，这一阶段我国的工业化综合指数达到了 41，标志着我国工业化已经进入中期阶段。第四阶段为 2006 年至今，根据 2017 年我国工业化发展情况进行测算，我国的工业化水平综合指数已经达到 84，意味着我国工业化已经步入了工业化中期阶段的后半段。整体来看，我国工业化水平在进入 21 世纪后开始快速发展，进入了高速增长阶段。

### 3.3.2　工业化的发展目标及影响

由以上分析可以看出，我国目前已经进入工业化高速发展时期。由于工业化发展水平与GDP增速有关，假设我国未来GDP增幅基本稳定，据2017年版《工业化蓝皮书：中国工业化进程报告（1995—2015）》预测，到2020年，我国将基本实现工业化；到2025年，我国工业化水平综合指数将达到最大值100。工业化发展对我经济社会的影响主要有以下四个方面。

第一，工业化带来了经济的高速增长和结构优化。我国已经进入工业化中期阶段，具有巨大的经济总量，在世界经济中占据重要地位。工业化的全面发展会带来相当长一段时间的经济高速增长、经济结构持续优化以及产业结构的不断升级。从我国具体情况来看，我国第一产业产值和就业比与1978年相比大幅下降，而第二、第三产业的产值和就业比明显上升（见表3－2）。可以看出，工业化进程的推进对于我国经济发展、产业结构优化和生产能力的提高具有较为明显的推动作用。第二，工业化发展带动了制造能力的提升，为其他产业发展提供了有力支持。随着工业化水平的提高，我国已成为一个工业生产大国，主要工业产品产量都居世界前列。工业化的发展带动了农业投入品生产能力的提高，如化肥和原油等，为我国农业发展提供有力的物质支持。第三，工业化发展挤占了部分自然资源，资源消耗型发展模式影响了经济社会的长期可持续发展。从与工业化发展息息相关的耕地、水和能源等重要资源的现状看，工业化的推进导致这些资源的需求量高速增长。另外，由于经济增长方式粗放，产业组织结构不甚合理，工业技术水平落后，造成我国资源利用效率较低，又加重了资源的紧张程度。第四，工业化发展中凸显了劳动力结构性矛盾，劳动力短缺与过剩并存。从表3－2中可以看出，2017年我国农业产值仅占GDP的4.90%，但是却吸纳了全国26.98%的劳动力，剩余的劳动力会进一步向第二、第三产业转移。但是，尽管工业化的进一步推进需要更多的熟练工人，但农村剩余劳动力又因缺乏培训难以胜任第二产业的工作。这种结构性矛盾解决与否直接关系到我国工业化能否继续高速、稳定推进。

表 3-2　1978 年和 2017 年我国三次产业产值与就业所占比重　单位：%

| 项目 | 第一产业 | | 第二产业 | | 第三产业 | |
|---|---|---|---|---|---|---|
| | 1978 年 | 2017 年 | 1978 年 | 2017 年 | 1978 年 | 2017 年 |
| 产值 | 27.90 | 4.90 | 47.70 | 36.30 | 24.40 | 58.80 |
| 就业 | 70.50 | 26.98 | 17.30 | 28.11 | 12.20 | 44.92 |

资料来源：根据国家统计局统计资料整理。

## 3.4 信息化的发展趋势及影响

信息化是指培育、发展以智能化工具为代表的新的生产力并使之造福于社会的历史过程。国家信息化就是在国家统一规划和组织下，在农业、工业、科学技术、国防及社会生活各个方面应用现代信息技术，深入开发广泛利用信息资源，加速实现国家现代化进程。

### 3.4.1 信息化的发展趋势和水平

我国的信息化建设起步可追溯到 20 世纪 80 年代初期，从国家大力推动电子信息技术应用开始，经历了准备阶段、启动阶段、展开阶段、发展阶段。

1980～1992 年为我国信息化的准备阶段。在这一阶段，我国逐渐认识到，信息产业是现代新兴产业群中最重要、最活跃、影响最广泛的核心因素。要逐步装备我国的信息产业，并以各种信息技术手段为改造传统工业服务。从此开始，我国信息化发展正式起步，国家提出信息化建设的任务，启动了金卡、金桥、金关等重大信息化工程，成立了国家经济信息化联席会议，确立了推进信息化工程实施、以信息化带动产业发展的指导思想。1993～1997 年为我国信息化的启动阶段。在这一阶段，符合我国国情的信息化发展思路初步形成，国家信息化的定义和国家信息化体系六要素的确立以及信息化建设指导方针（统筹规划、国家主导、统一标准、联合建设、互联互通、资源共享）的明晰都标志着我国信息化建设的全面启动。1998～2002年是我国信息化发展的展开阶段。在这一阶段，我国启动了电信体制改革，进行了政企分开、邮电分营、电信重组和结构调整、国有企业改革，推动了政府上网工程、企业上网工程和电子商务，开始了将信息化与产业发展相结合的具体实践。2003年至今是我国信息化的加速发展阶段。在这一阶段，我国信息产业开始由硬件主导型向软件和服务主导型转变，由分散建设向资源整合与共享转变，由政策扶持向以体制创新为主转变，由以城市为主向城乡统筹转变。信息技术开始在国民经济和社会发展的各个领域中广泛应用。

### 3.4.2 信息化的发展目标及影响

与城镇化和工业化不同，信息化很难以具体的指标来衡量，因此，我国信息化的发展目标是由基础设施建设、信息资源建设、信息技术发展和信息化体系等几个方面组成。具体来看，我国信息化的发展对经济社会的影响主要表现在以下三个方面。

第一，信息产业是国民经济新的增长点，信息化发展带动国民经济的发展。据统计，信息产业增加值的增速是国民经济增速的3倍，在国内生产总值中的比重不断攀升，对国民经济的直接贡献率不断提高。第二，信息化能够更加有效的整合现有生产生活资源。对劳动者来说，信息化能够增加其信息驾驭能力，即获取、传递、处理和运用信息，提高劳动效率，并促进新型信息劳动者的出现与快速增加。从劳动工具来说，信息化发展提高了劳动工具的资源利用效率。从资源来看，信息化能够更加有效的整合资源，在一定约束下更加合理高效地利用生产资源。第三，信息化的发展还会推动更加科学高效管理方式的运用。从国家层面看，信息化有助于信息的收集、分析以及技术推广或政策方针下达、执行和监管；从企业层面看，信息化有助于企业精细化业务运营和一体化集成平台管理，对经营管理过程进行有效管控；对个体生产者和消费者来说，信息化有助于他们获得各种技术和市场信息，合理安排生产和理性消费。

## 3.5 农业现代化的发展趋势及影响

农业现代化是指从传统农业向现代农业转化的过程和手段。在这个过程中，现代工业、现代科学技术和现代经济管理方法被农业吸收、利用，农业生产力由落后的传统农业日益转化为具有竞争力的先进农业。

### 3.5.1 农业现代化的发展趋势和水平

评价农业现代化的指标非常丰富，也非常复杂，不同学者都进行过深入研究。最早的方法是将农业现代化概括为机械化、化学化、水利化和电气化。之后的学者们以这四个方面为基础，选取不同的指标，对农业现代化发展水平进行测度。综合看来，我国的农业现代化发展分为以下三个阶段。

1949~1984年为我国农业现代化的起步阶段。在这一时期，我国基本解决了温饱问题，粮食生产和农业发展出现了高速增长，农业生产中开始使用机械化、电气化等工具。这些不仅是农业现代化起步的标志，还为我国农业现代化的进一步发展奠定了基础。

1985~1995年是我国农业现代化建设快速发展阶段。在这一时期，我国国民人均收入、居民购买力大幅度提高，食物结构显著改善，粮食持续增长，主要动物性食物产量增加。与此相对应，我国农业综合生产力增强，农田有效灌溉面积所占比重提高，化肥使用量增加，农业机械化综合水平提高。

1996年至今为我国初步实现农业现代化阶段。目前来看，我国居民的平均主要食物消费量已经超过小康水平，用于饲料的粮食占粮食总量的比重达到1/3，动物性食物及其加工工业和商业发展迅速，农村经济结构中非农产业的比重提高，农业总产值中畜牧业、渔业和林业的比重已经接近50%。国家和企业对农业现代化投资增加，农业科学技术进步在农业增产中所占份额、农业机械化水平、农田灌溉面积比重、农业劳动力素质等指标都有了非常明显的改善。

### 3.5.2 农业现代化的发展目标及影响

2014年政府工作报告再次强调，坚持把解决好“三农”问题放在全部工作的重中之重，以保障国家粮食安全和促进农民增收为核心，推进农业现代化。我国全面建设小康社会的工作重点在农村，实现全面建设小康社会的宏伟目标中最繁重、最艰巨的任务在农村。而农业的现代化是农村现代化的重要内容，因此，加快农业现代化建设对于保证农业持续稳定高效发展、保障粮食安全、提高农民收入，从而促进我国经济发展和社会安定都具有重要意义。

第一，农业现代化能够促进我国农业高效、可持续发展。改革开放以来，我国农业获得了长足的发展，为我国经济社会进步做出了不可忽视的贡献。但是，随着农业生产能力的不断挖掘和农产品需求形势的新变化，我国农业发展中逐渐暴露出很多新问题，如优质劳动力短缺、农业生产率较低、农户经营规模过小、资源消耗过高等。这些问题的解决都要依靠农业生产力持续提高、农业经营管理方式转变和农业发展方式变革，而这些正是现代农业建设的重要内容。因此，现代农业建设对于有效促进我国农业的高效和可持续发展，提高我国农业的综合生产能力和竞争力具有重要意义。第二，农业现代化对保障粮食安全具有重要意义。改革开放以来，我国粮食实现了由长期短缺向供求基本平衡的历史性跨越。2003年以来，我国粮食生产实现了“十二连增”。但是，也必须注意到，“十二连增”是在资源约束日益趋紧、国内外形势复杂多变、灾害多发重发、生产要素加速外流的背景下取得的。在继续面临这些压力的情况下，传统的粮食生产方式面临严峻挑战。因此，转变传统的粮食生产方式，利用现代化的技术手段和管理方式挖掘粮食生产能力就成为保证我国粮食安全新的着力点。第三，农业现代化能够有效保证农民增收。农民的收入不仅影响农民自身生活水平的提高，还影响农业生产、农村经济乃至整个国民经济的发展。因此，提高农民收入事关全局，意义重大。改革开放四十年来，我国农民收入有所提高，但仍存在增长较慢、差距较大、增收基础薄弱、增收途径不畅等问题。显然，破解这些难题仅仅依靠传统的农业生产方式或是增加外出务工收入是远远不够的。壮大农业本身，提高农业的造血能力，为农民增收提供更好的平台才是保证农民收入持续增长的决胜法宝。因此，发展现代农业，适度扩大农业生产规模，提高农业成本收益率才能够为农民收入的长期、稳定增加打下坚实基础。

## 3.6 本章小结

本章分析了我国“四化”发展的历史背景、水平、阶段、趋势以及对经济社会的影响，得出如下结论：城镇化的发展经历了萌芽、徘徊、停滞、全面启动、加速发展和新型城镇化阶段，目前我国城镇化率已经达 58.52%，进入了新型城镇化阶段；城镇化将有利于生产力水平和市场化水平的提高，促进社会事业发展，但也会扰动我国农产品供求平衡，并给资源环境带来新的压力。我国工业化水平在进入 21 世纪后开始快速发展，进入了高速增长阶段；工业化带来了经济的高速增长和结构优化，带动了制造能力的提升，为其他产业发展提供了有力支持，但也挤占了部分自然资源，并在一定程度上引起劳动力结构性矛盾。我国信息化已进入加速发展阶段，信息技术开始在国民经济和社会发展的各个领域中广泛应用；信息化的发展能够更加有效整合现有生产生活资源，推动更加科学高效管理方式的运用。我国已初步实现农业现代化，农业现代化的进一步发展能够促进我国农业高效、可持续发展，对于保障粮食安全和农民增收具有重要意义。

# 第 4 章

# “四化”背景下的粮食供给

我国是一个人口大国和粮食消费大国，虽然可以利用粮食贸易进行一定的余缺调剂，但是，实际国情和历史经验证明，我国的粮食供给必须依靠自给，只有饭碗端在自己手中，才能从根本上保证我国经济社会稳定和满足人民需求。现阶段，在城镇化、工业化加速发展的时期，我国的粮食生产在一定程度上受到了冲击，在耕地、水、人力资源等方面受到了城镇化、工业化的负面影响。但是，工业化、城镇化也为我国粮食生产提供了机遇，在一定程度上提供了集中经营、扩大生产规模的契机。此外，工业化、信息化和农业现代化从另一个方面为我国粮食生产提供了更先进的生产资料、工具和更加科学、高效的经营管理方法。考虑到城镇化、工业化、信息化和农业现代化对粮食生产的影响是互相作用、互相叠加的，不宜将它们分割开来讨论。因此，本章将按照对生产要素的影响、对种植意愿的影响和对科技与管理的影响三个部分来考量“四化”对我国粮食生产的影响。

## 4.1 “四化”对粮食生产的影响

“四化”进程中影响粮食生产的因素较多，不仅会影响粮食生产所必需的资源投入，也会影响到粮食生产的外延投入，如生产工具、科技投入和管理方式等。因此，全面分析“四化”对我国粮食生产投入品、种植意愿、经营和管理情况的影响，并系统讨论可能发生的变化，不仅可以定性分析“四化”对我国粮食生产的影响，还能够为后面的实证分析提供良好的基础。

### 4.1.1 自然资源性投入品减少

生产投入品充足是粮食生产顺利发展的基础，也是保障我国粮食有效供给的根本条件。但是，现阶段下，随着其他产业的迅速发展和我国整体发展规划的推进，以及工业化和城镇化的加速发展，第二、第三产业与第一产业，特别是第一产业中的粮食产业之间的资源竞争越来越激烈。整体来看，粮食产业在生产资源的竞争中经常处于劣势。

**1. 城镇化、工业化压力下耕地资源投入减少**

耕地资源是粮食生产的最基础投入品，也是粮食生产的最基础载体，耕地资源投入直接关系到我国粮食的产量和质量。但是，随着城镇化和工业化的发展，建设、居住、交通等各方面的发展不断增加对耕地的需求。虽然我国出台了极为严格的耕地政策，并提出了占补平衡等保护耕地的措施，但是，在城镇化工业化的加速发展期，我国耕地资源不仅数量有所减少，耕地平均质量水平也出现了下滑趋势。另外，由于城镇化的发展和居民生活水平的提高，蔬菜、水果、花卉等非粮食农产品需求的增加，也导致了种粮耕地面积的减少，进一步威胁粮食生产水平。因此，本部分将从耕地数量、质量及其关系三个方面分析“四化”背景下耕地资源的变化及其对粮食安全的影响。

（1）耕地投入数量整体呈现减少趋势。从耕地的绝对数量上看，我国的耕地数量呈现出波动中缓慢下降的趋势。必须说明的是，1996年、2012年耕地数量的大幅增加是由于农业普查对我国耕地清查和统计口径的改变，并不是实际耕地数量的增加。因此，难以对耕地数量进行一个较长的时间序列分析。但是，从表4-1中耕地变化量和变化率可以大致看出，我国的耕地面积从1978年改革开放以来，在波动中逐步下降。在这种情况下，由于我国采取较为严格的土地审批制度，并出台了占补平衡等法规。从年度变化来看，在耕地统计口径改变之前的1978~1995年，我国耕地年均减少336万亩。1996年之后，由于我国城镇化进程加快，建设用地等数量的激增，我国平均每年减少耕地613万亩，几乎是1996年之前的2倍。2014年至今，随着城镇化进程的加快，我国耕地一直呈现出减小的趋势。

**表4-1　1978~2017年我国耕地面积存量、变化率和变化量**

| 年份 | 耕地面积（万亩） | 变化率（%） | 变化量（万亩） | 年份 | 耕地面积（万亩） | 变化率（%） | 变化量（万亩） |
|---|---|---|---|---|---|---|---|
| 1978 | 149 100 | | | 1998 | 194 500 | -0.21 | -400 |
| 1979 | 149 247 | 0.1 | 147 | 1999 | 193 800 | -0.36 | -700 |
| 1980 | 148 958 | -0.19 | -289 | 2000 | 192 300 | -0.77 | -1 500 |
| 1981 | 148 553 | -0.27 | -405 | 2001 | 191 400 | -0.47 | -900 |
| 1982 | 147 910 | -0.43 | -643 | 2002 | 188 900 | -1.31 | - 2500 |
| 1983 | 147 539 | -0.25 | -371 | 2003 | 195 100 | 3.28 | 6 200 |
| 1984 | 146 780 | -0.51 | -759 | 2004 | 183 700 | -5.84 | -11 400 |
| 1985 | 145 270 | -1.03 | -1 510 | 2005 | 193 100 | 5.12 | 9 400 |
| 1986 | 144 345 | -0.64 | -925 | 2006 | 182 700 | -5.39 | -10 400 |
| 1987 | 143 833 | -0.35 | -512 | 2007 | 182 600 | -0.05 | -100 |
| 1988 | 143 583 | -0.17 | -250 | 2008 | 182 660 | 0.03 | 60 |
| 1989 | 143 484 | -0.07 | -99 | 2009 | 183 067 | 0.22 | 407 |
| 1990 | 143 505 | 0.01 | 21 | 2010 | 183 628 | 0.31 | 561 |
| 1991 | 143 475 | -0.02 | -30 | 2011 | 183 987 | 0.2 | 359 |
| 1992 | 143 100 | -0.26 | -375 | 2012 | 202 738 | 10.19 | 18 750 |
| 1993 | 142 650 | -0.31 | -450 | 2013 | 202 745 | 0 | 7.4 |
| 1994 | 142 365 | -0.2 | -285 | 2014 | 202 586 | -0.08 | -159 |
| 1995 | 142 455 | 0.06 | 90 | 2015 | 202 498 | -0.04 | -87.96 |
| 1996 | 195 100 | 36.96 | 52 645 | 2016 | 202 381 | -0.06 | -116.65 |
| 1997 | 194 900 | -0.1 | -200 | 2017 | 202 321 | -0.03 | -59.57 |

资料来源：国家统计局、联合国粮农组织数据库。

另外，耕地数量的变化还可以从人均耕地数量来研究。虽然我国耕地总量在世界上名列前茅，但是如果除以我国庞大的人口数量，人均土地占有量仅为世界平均水平的一半。图4－1显示了我国土地人均占有量的变化趋势。以统计口径调整后的2012年为参考年份，5年来，人均耕地数量下降趋势明显。

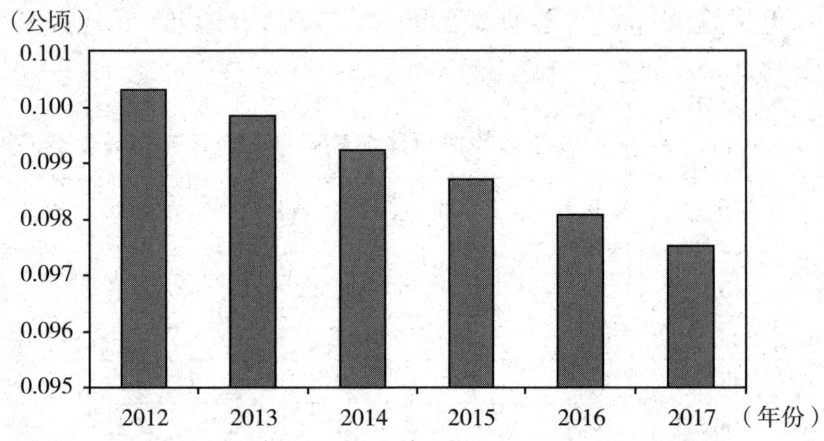


**图4－1　2012～2017年我国人均耕地面积变动**

资料来源：国家统计局。

（2）耕地的区域差异大。如果分区域进行观察，不同区域的耕地变化情况又有较大差别。首先，一些在改革开放之初拥有优质耕地的省份由于经济的发展和快速城镇化的推进，丧失了大量的高质量耕地。例如，沿海的广东、浙江、山东、福建等省份和中西部的山西、湖北等地，气候条件好，土地肥沃，具有良好粮食生产条件的优质良田中，有很大一部分转为了建设用地或者交通用地，直接影响了该区域的粮食生产能力。其次，我国大部分的耕地增加出现在一些第二、第三产业发展相对滞后的省份或地区。但是，这些地区因为气候或其他原因，粮食生产的资源禀赋优势并不突出，需要增加更多的生产投入品，如黑龙江、内蒙古等。因此，在我国耕地数量总体基本平衡的情况下，必须清醒认识到，我国粮食生产禀赋高的耕地减少，生产力较低的耕地增加的事实。

另外，我国人均耕地的区域差异也非常明显。一些粮食主产省的人均耕地面积在3.0亩以上，例如，2017年，黑龙江的人均耕地面积达到了6.2亩，吉林省为3.85亩。相比之下，一些有着良好粮食生产禀赋的省份人均耕地面积则不足1.0亩。例如，2017年，浙江省的人均耕地面积仅为0.52亩，而广东省的人均耕地面积仅为0.35亩。我国人均耕地不足半亩的县区超过660个。

（3）城镇化和工业化中种粮耕地投入面临长期压力。目前，城镇化和工业化的加速发展给我国耕地带来了更大的需求压力。从长期看，城镇化和工业化进程的推进，将会从以下三个方面给我国种粮耕地带来长期的压力。第一，直接占用。城市的扩建、新城区建设、农村集体经济发展、交通发展都需要占用大量的耕地。第二，种植结构调整。由于城镇化发展和居民生活水平的提高，对农产品多元化的需求日益增加。转移到城镇中的居民对蔬菜、水果、花卉等经济作物的需求日益增加，面对这种情况，种粮农民由于比较收益较低而将原本种粮的耕地用作其他农产品的生产，减少了种粮耕地的数量。第三，质量降低。为了保证我国整体的粮食安全水平，我国东北、华北的粮食主产省面临着不断增产的压力，"北粮南运"成为我国粮食流通的主体趋势。在这种情况下，随着工业化和农业现代化的发展，我国粮食单产能力不断拔高。但是，必须看到，农业科技进步和高产作物增加作用下的粮食增产，在一定程度上掩盖了我国很多地区有效耕层日渐变薄、耕地质量下降的严峻现实。

### 2. 水资源

与耕地资源类似，水资源也是直接影响我国粮食生产的重要因素。虽然我国水资源比较丰富，但是，由于我国特殊的气候条件，我国水资源和粮食耕地资源分布错位，雨热不同季现象比较突出，影响了我国粮食生产中水资源的有效利用，水资源对粮食供给的制约问题日益突出。

（1）我国水资源总量少、分布不均。首先，我国水资源人均占有量和单位面积国土水资源的拥有量都较低。根据《2017年中国水资源公报》显示，2017年，我国水资源总量为28 761.2亿立方米，在国际上属于水资源比较丰富的国家。但是，如果按照人均水资源占有量来计算，我国2017年人均水资源占有量仅为2 074.5立方米，不足世界平均水平的1/4。另外，如果考虑我国单位国土面积的水资源拥有量，情况也不容乐观。以《2017年中国水资源公报》来看，2017年，我国平均每单位国土面积水资源的占有量仅为世界平均水平的4/5。其次，我国水资源和耕地资源分布错位，影响了水资源的有效利用。在我国，水资源分布南多北少，耕地资源也是南方优于北方。但是，20世纪90年代以来逐渐出现了“北粮南运”的趋势，南方的粮食生产出现了较大滑坡，粮食生产中心北移。南方一些水资源丰富的省份粮食生产规模非常小，而北方一些水资源匮乏的省份却担负起极为重要的粮食生产任务，这无疑进一步加剧了缺水的矛盾。1990～1998年，我国北方平均每年约有233.83亿立方米的水“随粮南运”，接近“南水北调”东、中线调水的总量，约为黄河年均水量的40%。1990～2008年，“随粮南运”的水资源呈持续增加态势，年均增幅为19.94亿立方米，2001～2008年基本呈直线上升趋势，年平均增幅为47.89亿立方米。[①] 最后，我国产粮耕地面临因缺少灌溉而产能难以发挥的问题。中国工程院《国家食物安全可持续发展战略研究》的数据表明，我国每年农业生产缺水300亿立方米，因干旱缺水每年粮食损失约400亿斤。对于我国北方省份来说，依靠降水并不能够完全解决粮食生产所需的水资源。如表4－2所示，如果在东北的种植体系中将稻谷考虑进去，我国北方的降水满足率可能不足80%。因此，灌溉面积的发展及其供水保证是影响我国粮食生产的重要因素。图4－2显示了我国农村改革开放以来有效灌溉面积与我国粮食生产的关系。从图4－2中可以看出，除个别年份因统计口径调整出现异常点外，有效灌溉面积的增加是我国粮食生产水平提高的重要保证。特别是2003年以来，我国粮食的“十二连增”与有效灌溉面积的增加呈现出了高度的一致性。

---

① 历年《中国水资源公报》、中国工程院重大咨询项目《国家食物安全可持续发展战略研究》资料。

表4－2　我国华北、西北和东北地区粮食耗水量、降水量亏缺量及降水满足率

| 分类 | 耗水量（毫米） | 降水量（毫米） | 亏缺量（毫米） | 降水满足率（%） |
|---|---|---|---|---|
| 华北小麦—玉米种植体系 | 700～900 | 500～700 | 200～300 | 70 |
| 西北玉米一年一熟制 | 400～550 | 350～500 | 100～200 | 75 |
| 东北玉米一年一熟制 | 400～500 | 400～600 | 100～150 | 85 |

资料来源：中国工程院重大咨询项目《国家食物安全可持续发展战略研究》。

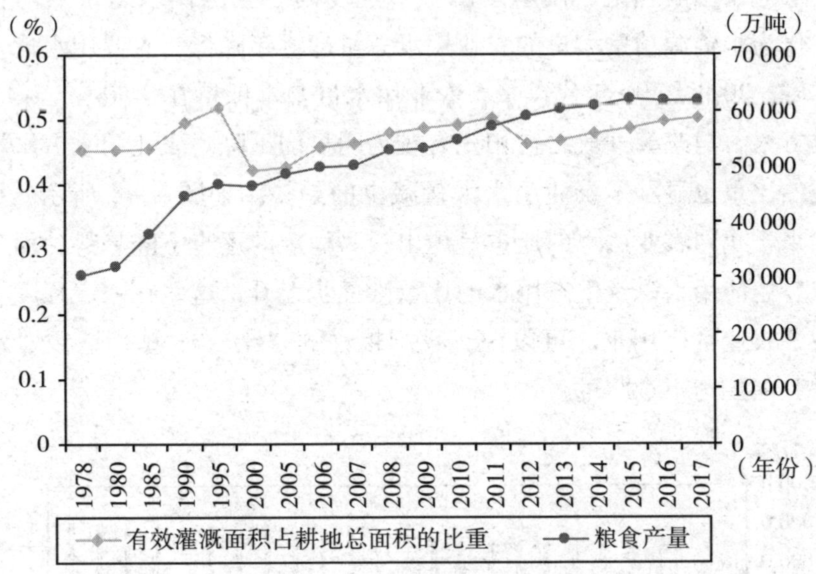


图4－2　1978～2017年我国有效灌溉面积占耕地总面积的比重与粮食产量变动

资料来源：根据国家统计局资料计算。

（2）城镇化和工业化中水资源投入面临长期压力。除上述传统问题外，在“四化”加速发展的时期，作为我国粮食生产重要投入品的水资源还面临着新的问题，主要表现在以下三个方面。

第一，工业化的推进和农药化肥的过量投入在一定程度上污染了水资源，威胁粮食安全生产。在经济的发展和工业化的推进中，

由于监管缺位等原因，一些从城市中转移出来的污染型企业以及排污标准不达标的农村集体企业，存在污染农业用水的情况，影响了粮食的产量和质量。另外，也存在因追求粮食高产而过量投入农药、化肥的情况。这种情况下，过多施用的化肥会超过土壤的保持能力，渗入周围的水体中形成农业面源污染，造成水体富营养化，继而破坏水环境。

第二，工业化和城镇化的加速推进带动了生活、工业生产用水的增加，从而挤占了农业用水的空间。从图4－3可以看出，自1990年以来，工业、生活和生态用水量的上升速度高于全国供水总量的增长速度，作为水资源消费大户的农业用水总量却逐年降低，农业用水比重不断下降。20世纪90年代以来，农业用水量基本保持在3 500亿～4 000亿立方米，与改革开放之初相比有较为明显的下降。农业用水占水资源消耗的比重也显示了农业用水大量减少的趋势。如图4－4所示，1979年以来，我国农业用水的比重呈现出较为稳定的逐步下降趋势，而工业用水、生活用水以及生态用水的比重则逐步上升，这些在一定程度上都抢占了农业生产用水。可以说，我国粮食的"十二连增"是在"水减粮增"的压力下取得的。

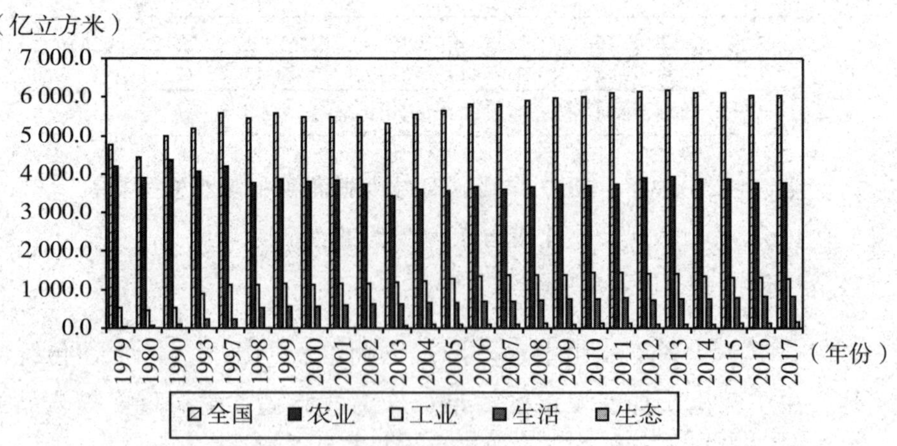


**图4－3　1979～2017年我国水资源消耗用途变动**

资料来源：根据国家统计局资料计算。

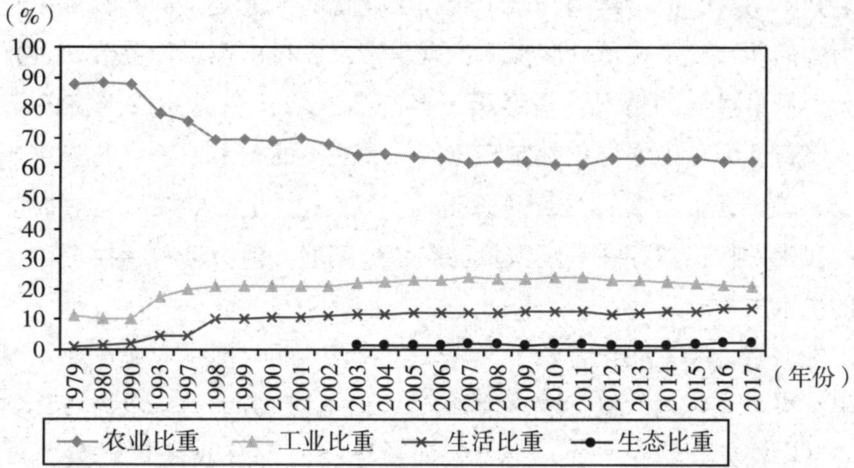


**图4-4 1979~2017年不同用途水资源占水资源消耗总量变动**

资料来源：根据国家统计局资料计算。

第三，大量的北方水资源“随粮南运”加剧了我国粮食生产可持续发展的风险。改革开放后，一些东南沿海水资源条件较好的地区出现了粮食生产能力下降快、粮食需求增长多的现象。延续了近千年的“南粮北调”格局发生了改变，粮食流通系统出现了规模越来越大的“北粮南运”情况，这意味着相当数量的北方水资源被转运到了本不缺水的南方省份。这种资源错位使本就水资源紧张的北方面临更大的水资源供求失衡。以华北平原为例，由于多年地下水超采，华北平原已经成为世界上最大的“漏斗区”。对于浅层地下水超采的问题可以通过降水等方法补充，但是深层的地下水补充非常困难，过度超采的地区将会面临地质沉降问题。长此以往，也必然会影响华北平原粮食的可持续生产能力，威胁我国粮食安全水平。

### 4.1.2 社会资源性投入品变化趋势复杂

#### 1. 人力资源

在我国农村存在大量的剩余劳动力时，劳动力的供给对粮食生产的影响并不明显。但是，随着城镇化和工业化的推进，大量的农村优质劳动力逐渐转移到了城市，脱离了粮食生产，农村出现了种粮劳动力数量减少，质量降低的情况。在经历了经济高速增长和成功的经济改革之后，坚持认为我国农村仍然有高比例、大规模的剩余劳动力的观点，已经成为缺乏经验证据的教条（蔡昉，2007）。因此，虽然从绝对数量上看，我国农村仍然存在一定数量的剩余劳动力，但劳动力结构上存在明显的供求失衡。

在城镇化和工业化背景下，非农产业收入明显高于农业产业，导致农民从事农业劳动的机会成本增加，大量的优质劳动力从农村转移到城市，从事第二、第三产业。另外，即使还有一部分农民仍然留在农业中，但由于种粮的比较收益远远低于种植其他经济作物或者从事养殖业，相当一部分农民放弃了粮食生产而转为种植其他作物甚至退出种植业。很多农村中从事粮食生产的劳动力被称为"三八六一九九部队"，即从事粮食生产的劳动力多为女性、儿童或者老人。可以看出，我国粮食生产的劳动力投入不仅面临着数量的减少，还面临着因劳动者自身劳动素质降低而导致的有效劳动投入不足。

事实上，虽然一些地区经济发达、拥有先进农业机械和充足科技投入，但由于种粮劳动力的变化和转移，这些地区粮食生产一再滑坡、耕地出现大面积的抛荒弃耕。这是因为，在经济相对发达的地区，第二、第三产业发展迅速，吸纳劳动力能力强，吸引了大量的农村转移劳动力，并使这部分农村家庭的主要收入来源由农业转为非农产业。对于这些家庭来说，农业生产，尤其是粮食生产的积极性迅速降低，粮食生产被逐步兼业化和边缘化。相反，在一些城镇化和工业化滞后的经济欠发达地区，第二、第三产业就业机会少，吸纳转移劳动力的能力有限，农业劳动力转移的难度高，农民种粮的机会成本低。因此，理性的农民就会选择继续从事粮食生产，粮食生产在一定时间内也就呈现出了一种相对稳定的状态。但是，也必须考虑到，随着我国大范围城镇化的推进和农村劳动力转移的规模扩大，这些经济欠发达地区也会逐步出现农民劳动力大量外流的现象，使粮食生产受到冲击。

（1）农业劳动力的变化特征。第一，数量变化。表4－3显示了我国农村劳动力的变化情况。其中，以乡村就业人口表示农村供给的劳动力数量，以第一产业就业人口表示从事农业生产的人口数量。可以看出，改革开放以来，我国农村劳动力的供给数量呈现出了明显的波动趋势，但是真正从事农业生产的劳动力数量却出现了较为稳定的下降。从农村劳动力的供给数量上来看，20世纪90年代以前，农村劳动力的增长率基本在1%以上，每年新增劳动力稳定在800万人以上。农村劳动力数量在1997年达到最高。但是，随着大量农村劳动力，特别是青壮年劳动力向城市的转移，我国农村新增劳动力数量迅速减少，农村的劳动力供给量大幅降低。从农业劳动人口来看，进入21世纪后，我国农业劳动力出现了负增长的情况，农业劳动数量出现了“九连跌”。考虑从事农业劳动的人口占农村就业总人口的比重，则能够更加清晰看出我国农业劳动力减少的趋势。1978～2017年，我国农业劳动力占农村就业人口的比重一路下降，呈现出稳定的减少趋势，有相当规模的农村劳动力从农业生产中转移出来，投向了收入更高的第二、第三产业。

**表4－3　1978～2017年我国乡村就业人口及第一产业就业人口变动**

| 年份 | 乡村就业人口（万人） | 第一产业就业人口（万人） | 第一产业就业人员比重（%） | 年份 | 乡村就业人口（万人） | 第一产业就业人口（万人） | 第一产业就业人员比重（%） |
|---|---|---|---|---|---|---|---|
| 1978 | 30 638 | 28 318 | 92.43 | 1986 | 37 990 | 31 254 | 82.27 |
| 1979 | 31 025 | 28 634 | 92.29 | 1987 | 39 000 | 31 663 | 81.19 |
| 1980 | 31 836 | 29 122 | 91.48 | 1988 | 40 067 | 32 249 | 80.49 |
| 1981 | 32 672 | 29 777 | 91.14 | 1989 | 40 939 | 33 225 | 81.16 |
| 1982 | 33 867 | 30 859 | 91.12 | 1990 | 47 708 | 38 914 | 81.57 |
| 1983 | 34 690 | 31 151 | 89.80 | 1991 | 48 026 | 39 098 | 81.41 |
| 1984 | 35 968 | 30 868 | 85.82 | 1992 | 48 291 | 38 699 | 80.14 |
| 1985 | 37 065 | 31 130 | 83.99 | 1993 | 48 546 | 37 680 | 77.62 |

续表

| 年份 | 乡村就业人口（万人） | 第一产业就业人口（万人） | 第一产业就业人员比重（%） | 年份 | 乡村就业人口（万人） | 第一产业就业人口（万人） | 第一产业就业人员比重（%） |
|---|---|---|---|---|---|---|---|
| 1994 | 48 802 | 36 628 | 75.05 | 2006 | 45 348 | 31 940.6 | 70.43 |
| 1995 | 49 025 | 35 530 | 72.47 | 2007 | 44 368 | 30 731 | 69.26 |
| 1996 | 49 028 | 34 820 | 71.02 | 2008 | 43 461 | 29 923.3 | 68.85 |
| 1997 | 49 039 | 34 840 | 71.05 | 2009 | 42 506 | 28 890.5 | 67.97 |
| 1998 | 49 021 | 35 177 | 71.76 | 2010 | 41 418 | 27 930.5 | 67.44 |
| 1999 | 48 982 | 35 768 | 73.02 | 2011 | 40 506 | 26 594 | 65.65 |
| 2000 | 48 934 | 36 042.5 | 73.66 | 2012 | 39 602 | 25 773 | 65.08 |
| 2001 | 48 674 | 36 398.5 | 74.78 | 2013 | 38 737 | 24 171 | 62.40 |
| 2002 | 48 121 | 36 640 | 76.14 | 2014 | 37 943 | 22 790 | 60.06 |
| 2003 | 47 506 | 36 204.4 | 76.21 | 2015 | 37 041 | 21 919 | 59.17 |
| 2004 | 46 971 | 34 829.8 | 74.15 | 2016 | 36 175 | 21 496 | 59.42 |
| 2005 | 46 258 | 33 441.9 | 72.29 | 2017 | 35 178 | 20 944 | 59.54 |

资料来源：根据国家统计局资料计算。

第二，结构变化。相对于农业劳动，第二、第三产业对从业人员的知识、技能以及身体素质要求更高，因此，最先从农业中顺利转移出来的是受过一定教育并具有较高知识水平的青壮年劳动力。这些劳动力的流失直接影响了农业及粮食生产水平的降低。首先，从受教育水平来看，2017 年转移劳动力中，文盲占 1.0%，小学文化程度占 13.0%，初中文化程度占 58.6%，高中文化程度占 17.1%，大专及以上文化程度占 10.3%。同期，我国农村居民家庭劳动力平均文化状况为文盲占 5.5%，小学文化程度占 26.5%，初中文化程度占 53.0%，高中文化程度占 9.9%，大专及以上文化程度占 5.1%（见表 4 - 4）。可以看出，农业转移劳动力在初中及以上的文化程度中占的比重，高于农村居民家庭劳动力的平均文化水平，属于农村中文化知识水平相对较高的群体。其次，从性别结构来看，农村转移劳动力中男性占 65.6%，女性占

34.4%，而我国目前农业的劳动力中55.4%为女性劳动力。可见，我国农村劳动力增速减缓的同时，女性劳动力逐步占据了主要地位。但是，由于农业劳动对于身体素质的要求相对较高，女性劳动力比重过高对于农业发展并不是一个利好的信息。最后，从年龄结构上看，农业转移劳动力以青壮年为主。2017年，农业转移劳动力中，40岁及以下农民工所占比重为52.4%，也就是说，最佳劳动阶段的农业转移劳动力占农业转移劳动力总数的80%。农业劳动力中具有较好身体素质的劳动力流向了非农产业。可以预见，青壮年农业劳动力在向非农产业转移时仍占有优势，这部分劳动力的转移短期内不会停止，农业生产中出现的老龄化现象还会持续下去。

**表4-4　2017年农村转移劳动力及农业劳动力的受教育水平**　单位：%

| 项目 | 文盲 | 小学文化程度 | 初中文化程度 | 高中文化程度 | 大专及以上文化程度 |
|---|---|---|---|---|---|
| 农村转移劳动力 | 1.0 | 13.0 | 58.6 | 17.1 | 10.3 |
| 农村居民家庭劳动力 | 5.5 | 26.5 | 53.0 | 9.9 | 5.1 |

资料来源：《2017年农民工监测调查报告》。

（2）农业劳动力变化对粮食生产的影响。第一，农业劳动力的变化影响了我国粮食的生产布局。在20世纪90年代以前，我国属于比较典型的“南粮北调”，南方粮食生产的自然资源禀赋明显优于北方，粮食生产的劳动力布局也与这一情况相适应。但是，随着城镇化和工业化的推进，南方一些沿海城市的第二、第三产业优先发展起来，吸引了本地和外地的农业转移劳动力。从事非农行业人口的增加带来了商品粮的需求不断增加。同时，这些地区农村种粮劳动力和种粮耕地面积减少，粮食生产能力下降。因此，这些省份不得不从一些粮食主产区大量调粮。而粮食主产区由于第二、第三产业不发达，农业剩余劳动力转移就业机会相对较少，从事粮食生产的农村劳动力相对充足，耕地投入也较多，因而承担了越来越重要的粮食生产任务。随着这种“比较优势陷阱”的不断循环加剧（即发达省份城镇化工业化推进—抢占耕地和人力资源—粮食生产减少、需求增加—商品粮需求增加—主产省承担更多粮食生产任务—城镇化工业化推进受阻—劳动力等资源进一步被发达省份吸引—发达省份人口增加粮食调入量继续增加—城镇化工业化持续推进)，"北粮南运"的情况越来越普遍，南方一些发达省份的粮食生产能力越来越薄弱，耕地抛荒弃耕，种粮劳动力严重不足，粮食生产的重视程度和积极性降低；而北方一些主产省粮食生产能力被一再挖掘，耕地和水资源过度消耗，影响了长期可持续发展。另外，从农村转移劳动力的输出省份也可以看出其对粮食生产格局的影响。农民工监测报告显示，2017 年，我国农村转移劳动力主要来自中部省份，在这些省份中，除山西和江西外，其他的几个省份都是我国的粮食主产省，转移出去的劳动力大量涌向了经济相对发达、人均纯收入较高的地区。即使一些就地转移的劳动力选择在本地乡镇企业或民营企业就业，也基本都从种植业中转移出来。因此，非农产业发展的就业拉动和劳动力报酬的区域差异是导致我国粮食生产格局发生变化的重要原因。

第二，农业劳动力的变化带动了粮食价格变化。改革开放之初，由于我国农村人口数量众多，部分农村剩余劳动力转移出农业劳动，不仅提高了个人的收入，还提高了农业劳动生产率，带动了其他产业的发展。但是，随着经济的发展，工业部门从农业部门吸引了数量多、素质高的优秀群体，影响了农业部门的发展。例如，2017 年，我国外出务工的农村转移劳动力中，低于 40 岁的青壮年劳动力占到了 52.4%，而同时期的农业劳动力的这一比重只有 32.5%。农业劳动力的变化会从以下三个方面引起粮食价格的上升。一是工资水平的上升引起的粮食生产成本上升。根据刘易斯的二元经济模型和拉尼斯—费景汉模型，经济发展的一个最显著的标志就是劳动力从传统部门向现代部门的转移。在转移的第一个阶段，由于农村大量的剩余劳动力存在，边际生产率为零的纯剩余劳动力的转移不会影响农业部门的产量，农村转移劳动力供给曲线将在高于生存工资的制度工资上呈水平状态；随着工业资本的不断增长和对劳动力的持续吸引及刘易斯拐点到来，即农村劳动力转移完成，劳动力过剩现象消失，继续的转移将造成农业部门生产受到影响，劳动力实际工资持续上升。这时，农村劳动力（尤其是农村优质劳动力）从粮食生产中转移出来会直接影响粮食生产。同时，由于实际工资的增长，种粮农民的机会成本上升，也拉升了粮食的生产成本，从而抬高了粮食价格。二是资本价格上升带动的粮食生产成本上升。种粮劳动力减少和规模化经营的逐步推进，引起了机械化水平上升，加速了资本对劳动力的部分替代，如果此时机械化的成本没有降低到一定范围内，也会带动粮食生产成本上升。三是粮食生产者减少而消费者增加引起的需求拉动型粮价上升。由于大量劳动力转移到了城市，他们从粮食的生产者变成了纯粹的消费者，引起了商品粮需求增加，带动了粮食价格上升。

第三，劳动力资源的变化影响了我国粮食的有效播种面积。2003年以来，农民外出务工者的工资有了大幅度提高，外出务工收入成为农民增收的重要因素。但是，外出务工工资的上升抬高了劳动力的机会成本。农村劳动力在农业投入上得到的收益如果达不到城市打工劳动力的最低价格（也就是农业劳动力的影子价格），农民宁可选择被动闲暇。这是因为，农民为闲暇支付的成本只是劳动力在农业上的收入，而享受闲暇时得到的是以外出务工的劳动力价格计算的收益。这个规律解释了为什么在我国耕地短缺的情况下，仍有大量的农地弃耕撂荒现象。随着工业化和城镇化的发展，我国农村劳动力外出打工收入日益增加，使粮食生产的机会成本增加，农民往往选择从事非农产业，或是农业产业中的非粮产业来获得更高的收益。一些受到其他条件限制而只能从事粮食生产的农民则选择减少劳动投入来降低生产成本。所以，在工业化进程中农业剩余劳动力的转移对粮食生产和粮食供给有很明显甚至是很突出的负面影响（温铁军，2009）。

第四，农村劳动力的转移也给我国粮食生产带来了正面的影响和发展机遇。在城镇化的影响下，我国粮食产业从业人员数量的减少为规模生产和农业机械的大面积使用提供了机会。在以上两个方面的影响下，我国粮食生产经营主体发生了新的变化，出现了种粮大户、专业化服务组织、农民专业合作社等新型生产经营主体。农业部种植业司2013年对全国种粮大户和粮食生产合作社的调查显示，我国目前共有种粮大户68.2万户，占全国农户总数的0.28%；经营耕地面积1.34亿亩，占全国耕地面积的7.3%。这些种粮大户的粮食产量达1 492亿斤，占全国粮食总产量的12.7%。全国共有粮食生产合作社5.59万个，入社社员513万人；经营耕地7 218万亩，占全国耕地总量的4.0%；这些粮食生产合作社粮食产量971亿斤，占全国粮食总产量的8.2%。这些新型的生产经营主体一般具有较高的规模化、专业化和商品化程度。在新技术的使用、推广、示范以及确保粮食综合生产能力方面发挥了积极的带动作用，并且具有较高的抗风险的能力和较强的议价能力。

**2. 资金**

我国的农业正处于由传统农业向现代农业的转型期，农业的劳动密集型发展模式逐渐向技术密集型和资本密集型转变，而后两种发展模式的生产要素科技含量高，购买这些要素所需资金远远超过了传统的生产要素，使农业发展对资金的需求日益增加。对于粮食生产来说，资金投入直接影响粮食产业的发展模式。传统的粮食生产以劳动密集型为主要发展模式，对于资金投入的要求较低。而现阶段，资金更多的流向增加科技投入、提高农业生产资料质量以及改良农业生产工具，因此，在农业现代化的带动下，粮食生产更多以资本密集型和技术密集型为主要发展模式。另外，资金投入还影响着粮食生产的各个环节。在市场化和商品化的影响下，现代粮食产业的发展已经无法像传统农业一样，在小农模式下进行简单的再生产，而是需要大量的科技投入和资本投入。而资本投入又直接受农业资金投入的影响。现阶段，不仅在购买种子、化肥、农药等生产资料时需要农业资金的投入，农田基本建设和农业科技的研发与推广、高效农业以及涉农企业的生产、加工、销售等环节都对农业资金有大量的需求。

可以按照来源将资金分为以下三个部分对农业资金对粮食生产的影响进行研究，即农户自身的积累资金、商业性资金和国家政策性资金。农户自身积累的资金随着劳动力的转移发生的是双向的流动，即一部分资金随着劳动力转移到城市中，脱离了农业生产，投入资本收益率较高的其他产业。但是，由于农村转移劳动力真正融入城市还存在一定的困难，因此，农村资金转移到城市中非农产业情况并不多，农户自身积累的资金更多的是选择留在农村，但是转移出农业生产，尤其是粮食生产。当农民通过各种途径积累了资金后，受高资本收益率的影响，他们更多选择购置不动产或者投入小型零售或经济作物种植。可以推测，如果仅靠农民自身的资金积累，在不加以引导和鼓励的情况下，流向粮食生产的资金会越来越少，最终影响我国粮食生产水平的提高。城市商业资本对粮食生产的投资更多选择对良种、化肥、农药和农机等利润较高的生产资料的投入。这些资金的投入提高了粮食生产的科技含量，挖掘了粮食生产能力，但是在一定程度上抬高了粮食生产成本，影响粮食价格。国家政策性资金的关注范围比较广泛，一般涵盖农田水利等基础设施建设、农业新技术的研发与推广、农业生产补贴、粮食储备和收购等。由于政策性资金带有重要的导向作用，不仅能够撬动更多的社会资本投入，而且能够填补一些非营利性的或者资本回收期较长的投资领域，对于我国的粮食生产起到了重要作用。

**3. 生产机械**

改革开放以来，在工业化和农业现代化的带动下，我国农业机械化发展较快。截至2017年底，我国农业机械总动力达到9.88亿千瓦，为1978年的8.41倍；大中型拖拉机及配套农具、高性能联合收割机、水稻插秧机等继续保持较高增幅。大马力、高性能、复式作业机械保持较高发展速度（宗锦耀，2009）。2017年，全国农作物耕种收综合机械化率达到66%以上。全国农机总动力接近10亿千瓦，亩均动力约为0.38千瓦。已由“农业机械化”逐步向“机械化农业”转变。机械化生产的发展，有效提高了劳动生产率和农业抵御自然灾害的能力，加快了农业生产进度。

粮食耕作的机械化是我国农业机械化发展水平的突出代表。目前来看，我国的小麦生产已经基本上实现了机械化，稻谷和玉米的机械化程度也在逐步提高。当前我国粮食生产的机械化已进入中级发展阶段，粮食生产方式已经基本由依赖人、畜力为主转为依赖机械作业为主。

生产装备机械化对粮食综合生产能力和粮食生产效率以及粮食供给能力的提高具有明显的拉动作用，主要表现在以下四个方面。

第一，机械取代人力和畜力，提高了粮食的生产效率，一定程度上减缓了粮食产业的萎缩（见图4－5）。在小麦生产中，小型耕整机耕地的效率是畜力耕地的5倍；在水稻生产中，机械插秧是人工插秧效率的10倍左右。而大中型农业机械进行耕整地、精量播种、收获作业的效率则可以达到人工的40倍以上。在种粮劳动力大量外流的情况下，机械对人力的替代稳定了粮食产业的发展。此外，在面临恶劣环境和极端天气时，农业机械在能够抓住农时抢收抢种，还能够在抗灾减灾等方面发挥重要作用。因此，农业机械化能够提高粮食生产效率，缓解季节性劳动力短缺的矛盾，保障粮食生产的稳定发展。

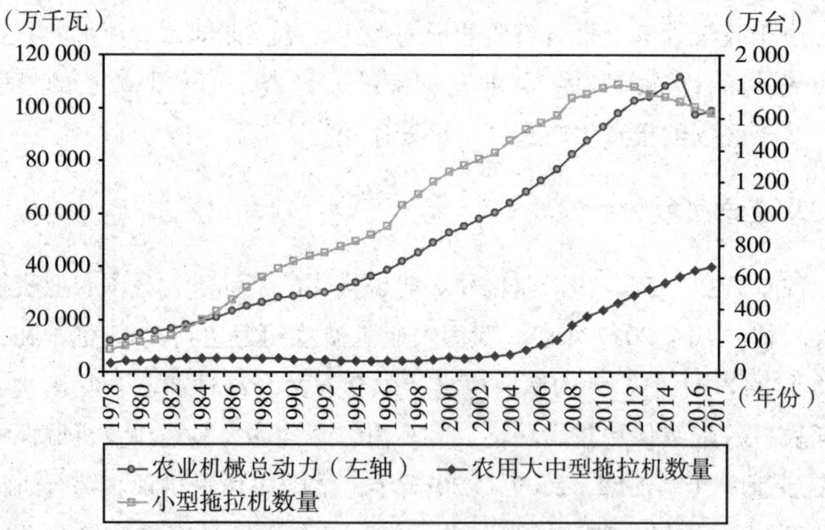


**图4－5　1978～2017年我国农用机械变化**

资料来源：国家统计局。

第二，机械化生产工具的大量投入，可以有效增加粮食单产。在粮食生产中，农业机械化有利于先进农业技术和方法的使用，提高粮食的产量。农业机械的投入可以有效减轻人工的劳动强度、作业成本，并能提高生产作业的质量，而这些都有助于提高单位面积粮食产量和收益，刺激农户的种粮积极性。如大型机械的广泛使用推广了小麦垄作播种、联合收获、秸秆还田等技术，这些技术不仅提高了产量，还减少了水资源消耗。

第三，促进了大规模的农田基本建设。大规模的农田基本建设（如农田的维护和改造、农田水利设施建设等）无法完全依靠人工来完成，必须依靠农业机械。另外，对于一些可以开发的荒地、非农业用地的复耕等作业也都要依靠农业机械来完成。因此，农业机械化在整合和提高粮食生产资源方面发挥着重要作用。

第四，降低生产成本。随着农村劳动力的大量转移和劳动力成本的提高，机械作业在投入时间、劳动效率上都展现出明显的优势。例如，水稻机插秧效率是人工插秧的20倍左右，亩均降低成本30元、增产50斤以上，且抗病虫害、抗倒伏性好；小麦主产区县域内的收割时间由半个月缩短为一周左右，联合收割机作业与人工收割相比可降低5%~8%的粮食损失；机械施肥、高性能植保机械喷药分别可节省40%的化肥、35%的农药；干旱地区使用机械进行保护性耕作，平均增加土壤蓄水量17%，提高粮食产量14%。①

### 4.1.3 农户生产意愿降低

#### 1. 高成本和低收益是导致种植意愿降低的主要原因

第一，粮食生产成本高。一是粮食生产投入品价格高。粮食生产所需的农资价格和用工成本上涨过快，特别是化肥、农药的价格涨幅过大，单个的种粮农户没有能力与农资厂商进行价格博弈，粮食生产成本被抬高，农民的种粮积极性受挫。同时，由于农资供求市场化程度高，价格反应灵敏，但粮食市场没有实现完全的市场化，且其具有消费价格弹性大于供给价格弹性的特殊特征，因此，粮食价格难以真实反映其生

① 山东省农业厅访谈资料。

产成本变化，常常出现农资价格上涨吞噬粮食利润的现象。这种农资价格强势和粮食价格弱势的情况严重影响了农民的种粮积极性。因此，在粮食价格不易出现明显上涨的情况下，"理性"的种粮农户会选择其他方式降低生产成本，如双季改为一季、粗放经营、靠天吃饭或直接抛荒弃耕。二是机会成本高。从事粮食生产的机会成本升高主要表现在两个方面。一方面，人工投入的机会成本上升。工业化和城镇化的推进，城镇就业机会增加吸引农村转移劳动力参与非农业劳动，而这些劳动的工资水平远高于种粮收益。另一方面，土地等其他生产资料的机会成本上升。由于我国居民可支配收入水平的提高，肉蛋奶等畜产品和蔬菜、水果、花卉等经济作物产品的需求日益旺盛，而这些产品的收益也远远高于生产粮食。在以上两个因素影响下，种粮的机会成本抬升，抑制了农民种粮的积极性。现阶段，农民种粮的目的首先是满足自身消费，而非提供商品粮。因此，很多种粮农户不仅将优质劳动力投入其他生产，以家庭中的老人、妇女、儿童替代粮食生产，而且将很多生产要素转移到其他产业，以降低种粮机会成本。

第二，种粮收益低。粮食是一种特殊的商品，不可能完全的市场化，国家需要在粮食生产上平衡不同群体和不同阶层的需求，以维持整体经济社会的平稳运行。虽然粮食价格上涨能够带动粮农的收入，刺激他们的种粮积极性。但是，粮食价格的上涨又容易导致城市低收入群体生活困难，引发物价上涨和通货膨胀压力。因此，我国的粮食价格一般较为平稳，上涨幅度很小，很难"随行就市"。相比而言，其他一些经济作物和畜产品，则能够较为直接迅速反映供求状况，带来高利润收益。因此，很多种粮农户因收益过低而退出了粮食生产。

**2. 种植意愿降低对粮食生产的影响**

第一，种植意愿降低给粮食生产带来了负面影响。一是个体粮农的产量降低。除一些人均耕地面积较大、已初步实现规模经营的省份外，在人均耕地面积较小的省份，很多农户已经不再以出售粮食为主要收入来源，他们种粮的主要目的是满足家庭消费。与20世纪80年代中期相比，除一些种粮大户外，很多小型种粮农户的可售余粮数量大幅降低。二是粮食生产的复种指数下降，很多农户将双季改为单季。个别极端的行为还有将耕地彻底抛荒弃耕，家庭粮食消费完全依靠商品粮。很多农户在粮食生产上追求的是现金收益和生存保障的平衡，他们种植粮食作物是为了保证其生存消费，而种植其他作物或者从事其他产业则是为了追求现金收益的最大化。因此，除非粮食生产能够将现金收益和生存保障统一起来，否则，这种粮食生产“兼业”化或者“副业”化的情况仍不可避免。三是粮食生产要素转移到了其他产业。根据前面分析可以得出，受粮食生产成本收益率低的影响，很多农户将原本用于粮食种植业的投入（包括人力资本投入、耕地资源投入和资金投入）转移到其他生产中，以换取替代性的高收益。从劳动力资源来看，很多种粮农户选择脱离农业生产外出务工经商，将粮食生产的任务留给家中难以转移的、种粮机会成本较低的劳动力。从耕地投入看，大部分种粮农户会选择保留农地的承包经营权，将耕地租赁出去，或者在原有耕地上种植其他附加值更高的经济作物，如蔬菜、花卉、水果等，减少种粮的耕地资源投入。从资金投入看，为了追求较高资本收益率，农户更倾向于将资金投入小型商业或者运输业等，选择将资金投入粮食扩大再生产的农户比例非常小。总之，由于农户选择追求货币收入的最大化行为，各类要素大量从粮食生产中脱离出去，粮食产业退化趋势愈加明显。

第二，种植意愿降低给粮食生产带来的正面影响。事实上，农户种粮意愿的改变给我国粮食生产带来负面影响的同时也给我国粮食生产带来了转型发展的契机。随着城镇化和工业化的推进、农村劳动力向城镇的转移、我国土地政策的调整以及农村土地流转步伐的加速，我国农业规模化经营程度提高，传统粮食生产方式向现代农业方式转型的趋势明显加快。主要表现为农地经营规模化、集约化水平提升，它们对粮食生产的积极影响主要表现在以下两个方面。首先，粮食的规模化经营带动粮农的增收。戴魁根（2007）研究得出，户均粮食耕作面积在1公顷以上时，农民才会稳定发展粮食种植业。单个劳动力耕作面积达到

1.67 公顷，单个农户耕作面积达到 3.33 公顷时，种粮收益才可以与外出务工收入相当。而超过了这个数值，农民种粮的平均成本和边际成本都会大幅下降，抵御风险能力提高，种粮货币收入高于外出务工，农户的种粮积极性提高。其次，粮食的规模化经营带动了生产机械化的发展。由于农村青壮年劳动力的减少，不少农户选择将土地租赁出去，使原来一家一户的土地能够连成片，为大型农业机械的使用和统一的管理提供了可能，大幅度替代并减少劳动力投入，推动了现代化的粮食生产方式。这不仅有利于我国粮食生产的机械化、规模化、标准化和产业化发展，也有利于将更多的农业剩余劳动力转移到其他非农产业，带动我国城镇化和工业化的进一步发展。

### 4.1.4 工业化、信息化和农业现代化带动生产技术提高

由于生产资源的稀缺性，任何粮食生产资料的投入都不可能无限增加，因此，能够对粮食生产力产生持久影响的只有农业现代化和信息化带来的科技创新。依靠科技提高资源利用率、加大新品种研发、提高栽培技术和推广信息技术来挖掘新的粮食生产能力是我国粮食增产的长期路径。粮食生产技术提高对粮食生产的影响主要表现在以下四个方面。

第一，利用物化科技成果，优化粮食生产自然条件，协调水、肥、气、热关系，挖掘粮食生产中自然资源潜力。随着"四化同步"推进，一批土壤水动力学、植物生理学、植物营养学的理论和现代数学方法等学科将不断得到物化。农民在生产粮食过程中应用的测土配方肥料、功能性农药、功能性地膜等物资，都是科学高度融合、物化的体现。这些物化技术的使用和推广可以显著提高我国粮食生产的水、土、肥资源利用效率。在粮食生产的资源与环境管理方面，依靠信息化和配方施肥技术，土壤营养实现信息化监测与精准化控制，建立保障我国粮食生产的水、土、肥科技支撑信息化平台，促进解决粮食生产重点小单元、小地块、小机械、耕层浅现状，使粮食生产的农田耕层逐年加深，强化水、

肥、土等资源及调控，不断提高自然降水和灌溉水利用效率，节约粮食生产成本，提高土地产出率。笔者在针对小麦生产大县山东省东明县的典型调研中发现，综合应用现代物化技术，构建农田土肥水和农作物一体化调控信息平台，实现了土壤肥力提高、粮食增产、农民增收。三年间，在维持土壤肥力持续升高的基础上，每亩的年净收入为1 190.64元，是大田生产每亩年净收入（359.71元）的3.31倍。

第二，促进种质创新，挖掘良种增产潜力。良种是粮食持续增产的内因，大面积推广应用良种是实现国家粮食安全根本性途径。我国粮食生产实践证明，良种的增产贡献率在33.8%左右，面对未来艰巨的粮食生产任务，良种的作用更加突出。我国在20世纪80年代初期到90年代初期的第三次玉米品种更新，使全国玉米单产由205千克/亩增加到303千克/亩，增产47.8%；90年代初期到后期的第四次玉米品种更新，使全国玉米单产由303千克/亩增加到325千克/亩，增产7.3%；90年代后期到21世纪初的第五次玉米品种更新，使全国玉米单产保持稳定的基础上，拓宽了玉米种质基础，广泛提高了玉米品种的抗性和适应性；2004年至今的第六次玉米品种更新，使全国玉米单产达到382.4千克/亩（2011年），增产19.5%。这表明，现代生物技术、遗传技术和信息技术以及我国丰富的种质资源优势的融合为我国新品种的培育与更新换代提供了有力支持。加快选育适应性广、抗逆性强、增产潜力大、资源利用率高的新品种，是粮食科技增产的基础。

第三，组装现代技术，加速提高防灾减灾增产增效能力。从耕作和栽培技术看，融合化学除草、化学调控、合理密植、病虫害统防统治等先进耕作技术和栽培技术，创新推广方式，依靠政策和市场调动农民应用先进技术、农业技术人员推广新技术的积极性，有效提高我国粮食持续均衡的增产能力，减少和控制多种自然灾害造成的损失，节约生产成本。

第四，应用信息技术，改进农业技术推广手段，提高新技术传播的速度和质量。在农业技术水平相对落后和农技人员相对不足的情况下，信息化的发展可以改变传统的技术推广方式，专家可以利用物联网技术，随时掌握粮食生产中的问题，有针对性地对粮食生产提出指导意见，并利用网络迅速传播。基层农技人员可以利用网络技术，快速获取粮食生产中的农田信息，通过音频、视频，相互交流，实现资源共享；还可以利用3S技术，准确测报粮食生产中的灾害，验证各种预防效果，因地制宜推动精准播种、精准施肥、精准灌溉、精准施药等，改变粗放的粮食生产方式，挖掘粮食单产提高、品质改善和效益提升的潜力，提高粮食生产效率和粮食产量。

### 4.1.5 工业化、信息化和农业现代化带动管理方式创新

在生产社会化背景下，粮食的供给不仅包括生产环节，还包括储备、流通等部分。而每一个环节不仅涉及技术水平因素，还涉及经营管理方式。从生产环节看，创新农业现代化和信息化的管理方式，可以使粮食生产资源能够更加透明高效地组织起来，科学决策粮食产业中"生产什么""生产多少""如何生产"的三大微观经济问题。从储备环节看，粮食储备是粮食安全的重要调控手段，也是平衡粮食供求的重要环节。但是，我国粮食储备系统还存在诸多问题，如储备效率低和储粮的损失率高等。国家粮食局网站发布的《粮食收储供应安全保障工程建设规划（2015—2020年）》指出，我国每年粮食损失超过3 500万吨，农户储粮年损失约8%。完善的储备系统可以有效应对突发性气候灾害引发的粮食减产，应对世界粮食价格异动和对我国粮食市场及供求平衡的冲击，调节区域粮食供求平衡，缓解国内粮食供求矛盾。在流通环节，信息化和现代化技术的发展可以建立粮食批发市场信息采集系统、电子化交易平台、智能化产品质量监控系统等，利用互联网、物联网等现代信息技术，全面把握我国粮食调运情况和安全的动态变化。综上所述，利用现代管理方式整合各种资源，合理安排生产的布局、生产品种、储备数量、储备方式以及流通方向等，能够在既定成本下实现供给最大化，提高我国粮食的供给能力。

## 4.2 影响粮食增产的实证分析

2004～2015年，我国粮食实现历史性的“十二连增”，并实现了连续七年粮食产量稳定在万亿斤以上。但是，“十二连增”是在资源约束日益趋紧、国内外形势复杂多变、灾害多发重发、生产要素加速外流的背景下取得的，“十二连增”后，粮食进一步增产压力变大，在资源约束等负面因素和供给侧改革等主动因素的影响下，我国的粮食生产将面临严峻挑战。因此，本节将分解粮食“十二连增”的动力因素，找出面积增加和单产增加对粮食增产的不同作用。

### 4.2.1 分析思路

粮食的增产源于两个方面：一是播种面积的增加；二是单产水平的上升。本部分要解决的第一个问题是分解出面积和单产对我国粮食增产的贡献率。在面积不变的情况下，单产的变化又包括了各粮食作物自身单产的变化或者自身单产不变而权重改变的情况，即各粮食作物的单产绝对数值没有变化，通过减少低产作物的面积和扩大高产作物面积来提高平均单产量。在各粮食作物单产不变的情况下，面积的增加又包括绝对面积的增加和单产较高的粮食作物相对面积的增加。因此，本部分要解决的第二个问题是我国粮食单产的增加到底是由于绝对单产水平的提高还是由于不同作物面积权重的调整（即高产作物对低产作物的替代）带来的加权单产提高。

### 4.2.2 模型推导

**1. 面积和单产贡献率分析方法**

粮食的产量等于播种面积与单产的乘积，用公式（4.1）表示，其

中以 $Q_{i,t}$ 表示第 $i$ 种作物在第 $t$ 年的总产量，$S_{i,t}$ 表示第 $i$ 种作物在第 $t$ 年的播种面积，$Y_{i,t}$ 表示第 $i$ 种作物在第 $t$ 年的单产（$i=0$，1，2，3，4，即粮食、稻谷、小麦、玉米和其他粮食作物）。

$$Q_{i,t}=S_{i,t}\times Y_{i,t} \tag{4.1}$$

对公式（4.1）取差分并进行近似处理可得：

$$\Delta Q_{i,t}=\Delta S_{i,t}\times Y_{i,t-1}+\Delta Y_{i,t}\times S_{i,t-1} \tag{4.2}$$

定义面积对增产贡献率为 $\alpha_{i,t}$，则：

$$\alpha_{i,t}=\frac{\Delta S_{i,t}\times Y_{i,t-1}}{\Delta S_{i,t}\times Y_{i,t-1}+\Delta Y_{i,t}\times S_{i,t-1}} \tag{4.3}$$

其中，$\alpha_{i,t}$ 表示第 $i$ 种作物在第 $t$ 年时在单产不变的条件下，因播种面积增加而带来的产量变化占该种作物总产量变化的百分比。

同理，定义单产增产贡献率为 $\beta_{i,t}$，则：

$$\beta_{i,t}=\frac{\Delta Y_{i,t}\times S_{i,t-1}}{\Delta S_{i,t}\times Y_{i,t-1}+\Delta Y_{i,t}\times S_{i,t-1}} \tag{4.4}$$

其中，$\beta_{i,t}$ 表示第 $i$ 种作物在第 $t$ 年时在面积不变的条件下，因单产增加而带来的产量变化占该种作物总产量变化的百分比。

根据定义，产量变化完全由单产和面积来决定，因此有：$\alpha_{i,t}+\beta_{i,t}=1$。

**2. 各作物种植结构调整分析方法**

粮食的总产量等于各类作物播种面积与单产的乘积，即：

$$Q_t = \sum S_{i,t}\times Y_{i,t} \tag{4.5}$$

同时，也可以这样考虑，粮食的总产量等于粮食的播种面积乘以各种作物的加权平均单产（用 $y$ 表示），那么上一期的总产量可以表示为：

$$Q_{t-1} = s_{t-1}\times y_{t-1} = \sum s_{i,t-1}\times y_{i,t-1} \tag{4.6}$$

假设，各期的作物播种的结构比例（即面积权重）不变，那么，本期的粮食产量（$Q_t'$）可以表示为各粮食作物的播种面积乘以单产量，表示为：

$$Q'_t = \sum s'_{i,t} \times y_{i,t} \tag{4.7}$$

且
$$\frac{s'_{i,t}}{s_{i,t-1}} = \frac{s_t}{s_{t-1}} = \varepsilon_{i,t}$$

其中，$\varepsilon$ 表示各粮食作物种植的结构比例无变化的情况下的粮食面积的增长率，显然这种情况下，$\varepsilon$ 也是各粮食作物播种面积的增长率。

根据公式（4.6）和公式（4.7）可以得到在各粮食作物种植的结构比例无变化的情况下，本期粮食的总产量为：

$$Q'_t = \sum s'_{i,t} \times y_{i,t} = \varepsilon_{i,t} \sum s_{i,t-1} \times y_{i,t} \tag{4.8}$$

此时，相邻两期粮食总产量的变化情况可以表示为：

$$\frac{Q'_t}{Q_{t-1}} = \varepsilon_{i,t} \times \frac{\sum s_{i,t-1} \times y_{i,t}}{\sum s_{i,t-1} \times y_{i,t-1}} \tag{4.9}$$

定义 $\dfrac{\sum s_{i,t-1} \times y_{i,t}}{\sum s_{i,t-1} \times y_{i,t-1}} = \lambda_{it}$，则：

$$\frac{Q'_t}{Q_{t-1}} = \varepsilon_{it} \times \lambda_{it} \tag{4.10}$$

因此，在各粮食作物种植的结构比例无变化的情况下，粮食的增产由面积的变化率和加权平均单产的变化量决定。

公式（4.10）两边取对数可以得到：

$$\ln \frac{Q'_t}{Q_{t-1}} = \ln(\varepsilon_{i,t} \times \lambda_{i,t}) \tag{4.11}$$

这时，将各粮食作物种植的结构比例有调整和无调整的情况进行比较，并取对数得到：

$$\ln \frac{Q_t}{Q'_t} = \ln \frac{Q_t}{Q_{t-1}} - \ln \frac{Q'_t}{Q_{t-1}} \tag{4.12}$$

由此，结合公式（4.11）和公式（4.12）可以推出在各粮食作物种植结构比例有调整的情况下，粮食产量的变化来源：

$$\ln \frac{Q_t}{Q'_t} = \ln \frac{Q_t}{Q_{t-1}} - \ln\varepsilon_{i,t} - \ln\lambda_{i,t} \tag{4.13}$$

至此，从公式（4.13）可以得出这样的结论：因粮食内部各粮食作物的种植结构变化而导致的粮食增产量等于相邻两期粮食的增产量减去因播种面积变化而产生的粮食增产量和单产变化而引起的粮食增产量。将各影响因素进行定义：

播种面积变化引起的粮食增产量的贡献率为：

$$\varphi_{s,t} = \ln\varepsilon_{i,t} \Big/ \ln \frac{Q_t}{Q_{t-1}}$$

粮食内部各作物的种植结构变化引起的粮食增产量的贡献率为：

$$\varphi_{A,t} = 1 - \ln(\varepsilon_{i,t}\lambda_{i,t}) \Big/ \ln \frac{Q_t}{Q_{t-1}}$$

单产变化引起的粮食增产量的贡献率为：

$$\varphi_{Y,t} = 1 - \varphi_{s,t} - \varphi_{A,t}$$

### 4.2.3 模型结果及分析

#### 1. 面积和单产贡献率的结果和讨论

（1）数据来源及模型结果。对面积和单产贡献率进行测算的数据中，2004～2015年粮食产量、面积和单产均采用国家统计局《中国统计年鉴》数据，2013年数据来自国家统计局《2013年统计公报》。使用Stata 12.0将我国过去十二年间粮食生产数据进行分析，分离出面积和单产对我国粮食"十二连增"的贡献率，结果见表4－5。

表4－5　2004～2015年面积和单产在粮食"十二连增"中的贡献率

单位：%

| 年份 | 粮食 | | 稻谷 | | 小麦 | | 玉米 | | 其他粮食作物 | |
|---|---|---|---|---|---|---|---|---|---|---|
| | 面积贡献率 | 单产贡献率 | 面积贡献率 | 单产贡献率 | 面积贡献率 | 单产贡献率 | 面积贡献率 | 单产贡献率 | 面积贡献率 | 单产贡献率 |
| 2004 | 24.94 | 75.06 | 63.12 | 36.88 | －26.13 | 126.13 | 47.24 | 52.76 | －360.07 | 460.07 |
| 2005 | 85.18 | 14.82 | 193.87 | －93.87 | 90.75 | 9.25 | 52.35 | 47.65 | －21.50 | 121.50 |
| 2006 | 22.60 | 77.40 | 50.34 | 49.66 | 32.60 | 67.40 | 91.55 | 8.45 | 54.84 | 45.16 |

续表

| 年份 | 粮食 | | 稻谷 | | 小麦 | | 玉米 | | 其他粮食作物 | |
|---|---|---|---|---|---|---|---|---|---|---|
| | 面积贡献率 | 单产贡献率 | 面积贡献率 | 单产贡献率 | 面积贡献率 | 单产贡献率 | 面积贡献率 | 单产贡献率 | 面积贡献率 | 单产贡献率 |
| 2007 | 81.17 | 18.83 | 4.70 | 95.30 | 68.06 | 31.94 | 220.57 | -120.57 | 52.40 | 47.60 |
| 2008 | 24.61 | 75.39 | 39.28 | 60.72 | -7.35 | 107.35 | 29.74 | 70.26 | 17.19 | 82.81 |
| 2009 | 255.44 | -155.44 | 81.29 | 18.71 | 118.61 | -18.61 | 634.14 | -534.14 | 39.78 | 60.22 |
| 2010 | 36.06 | 63.94 | 192.63 | -92.63 | 25.12 | 74.88 | 62.39 | 37.61 | -213.34 | 313.34 |
| 2011 | 22.09 | 77.91 | 28.14 | 71.86 | 12.41 | 87.59 | 48.71 | 51.29 | -259.11 | 359.11 |
| 2012 | 30.72 | 69.28 | 25.29 | 74.71 | 6.45 | 93.55 | 74.98 | 25.02 | 147.53 | -47.53 |
| 2013 | 45.47 | 54.53 | -680.69 | 780.69 | -44.64 | 144.64 | 69.21 | 30.79 | 133.95 | -33.95 |
| 2014 | 91.94 | 8.06 | 11.21 | 88.79 | 0.24 | 99.76 | 614.21 | -514.21 | 751.29 | -651.29 |
| 2015 | 39.49 | 60.51 | 5.11 | 94.89 | 15.14 | 84.86 | 76.04 | 23.96 | 148.15 | -48.15 |
| 2003~2015 | 41.11 | 58.89 | 54.07 | 45.93 | 24.13 | 75.87 | 79.46 | 20.54 | 136.64 | -36.64 |

资料来源：根据国家统计局资料计算。

（2）结果分析。从表4-5的分析结果可以看出，在"十二连增"中，单产提高对粮食产量的贡献率大于面积增加的贡献率。过去十二年间，单产的平均贡献率达到了58.89%，其中，9年的单产贡献率超过了50%。除特殊情况的2009年（异常点）外，单产的贡献率一直为正，且维持在较高水平。特别是2010~2013年，单产对增产的贡献率连续四年都稳定在50%以上。可以看出，在"十二连增"中，我国农业科技、政策支持、防灾减灾手段等的综合运用，对于我国粮食单产的挖掘起到了明显作用。优质高产良种不断更新，良种种植面积扩大，小麦"一喷三防"、水稻大棚育秧、玉米地膜覆盖等一批防灾减灾等关键技术大面积推广应用，提高了我国粮食的单产水平。但是，也必须注意到，虽然粮食播种面积增加对粮食增产的贡献率相对较小，但也达到了41.11%。说明我国在土地复耕、占补平衡以及提高农户种粮积极性等方面的政策发挥了作用，带动了粮食播种面积的增加。2004年以来，我国陆续出台了一系列鼓励农业特别是粮食生产的支农惠农政策。例如，农业四项补贴（粮食直接补贴、良种补贴、农机具购置补贴、农资综合补贴）以及最低收购价政策，降低了粮食生产成本，减小了种粮风险，提高了粮农的预期收益，刺激了粮农的生产积极性，这些都为我国粮食播种面积的增加提供了直接动力。

从稻谷来看，在粮食的十二年连续增产中，稻谷单产的平均贡献率为45.93%，低于播种面积的贡献率（54.07%）。特别是在2005年和2010年两年，当单产出现大幅下滑时，面积成为保障稻谷产量稳定上升的重要原因。在十二年中，有五年播种面积的贡献率超过了50%，除2007年和2013年两年稻谷的播种面积出现了下滑外，稻谷的播种面积一直呈现出上升的趋势。稻谷单产增加并不明显，主要是因为稻谷的生产水平和机械化推广已经相对稳定，稻谷的单产水平的提高已接近"天花板效应"。稻谷面积的增加主要源于价格上升和需求增加带来的种植收益增加，从而刺激了稻谷播种面积的扩大。

从小麦来看，小麦产量的增加主要受单产增加的影响。十二年来，小麦单产的增加对增产的贡献率达到了75.87%，而面积的贡献率仅为24.13%。与其他作物相比，小麦面积对增产的贡献最小。这是因为，受气候、价格、消费需求等因素影响，小麦播种面积难以大幅增加。受气候因素的限制，我国小麦的种植区域一直相对比较稳定，以黄淮海、长江中下游和大兴安岭沿麓为小麦的三大优势产区，面积占全国小麦面积的80%左右，特别是山东、河南、河北、江苏、安徽五省，面积占全国65%以上，产量占75%以上。在小麦的优势产区中，生态、经济和社会资源得到了比较合理的搭配，而其他产区的生产优势并不明显，现有条件下种植面积难以出现比较大的增加。另外，小麦主产区属于人口密集、人地矛盾比较突出的地区，且适宜种植多种作物。由于种植小麦的成本收益率较低，农民倾向于选择能够增加收入的经济作物，而任何经济作物的扩种都要压缩小麦的种植面积。因此，我国小麦播种面积的增减明显受到经济作物收益变化的影响，当经济作物收益增加时，农民就会大面积减少小麦的种植，而经济作物的收益降低时，农民则又会增加小麦的种植。也就是说，种植小麦一直是农户在增收过程中的"备选"方案。正因如此，小麦播种面积极易受到人为干预因素的影响，政策支持力度大时，面积就会增加，政策效果稍微减弱就会造成播种面积的大幅减少。虽然近几年受气候和冬季平均气温升高的影响，冬小麦种植区域有望北移西延，但是，这种情况带来的面积增加是有限的，无法对抗经济作物对小麦播种面积的挤占。从价格因素来看，小麦每亩的种植收益约在400元左右，而玉米的种植收益约为700元，小麦的种植收益没有任何优势，失去了经济利益驱动的农户缺乏种植小麦的积极性，更多的农户种植小麦只是为了满足家庭的口粮消费。从用途来讲，不论是市场的商业需求还是农户自身消费，除口粮部分外，大部分的需求来自饲料和加工消费，在满足这些需求时，小麦与其他粮食作物（主要是玉米）相比基本不具有优势，小麦的消费用途少、需求量较小也成为农户压缩小麦的播种面积的原因。另外，虽然过去的十二年内小麦单产提高对增产的贡献率达到了75.87%，但也必须注意到，小麦主产区资源环境的承载能力已经接近了极限，小麦的种植技术水平和机械能力也已经相对稳定，在播种面积难以扩大的情况下，小麦今后是否还能够依靠挖掘单产继续增产，依然是个值得研究的问题。

从玉米来看，其产量的增加并没有真正实现"十二连增"，而是在2009年由于单产的波动出现了小幅度的下滑。但这并不能影响玉米产量增加为我国粮食增产做出的巨大贡献。2013年，我国玉米产量达到了22 463万吨，比2003年的11 583万吨几乎翻了一番。玉米的增产主要是由面积增加带动的。十二年间，玉米面积对增产的贡献率达到了79.46%，在三大作物中面积贡献率最高。玉米播种面积的增加主要受气候、价格、消费需求以及机械化水平和技术改善的影响。从气候因素来看，我国玉米种植面积的扩大主要集中在黑龙江北部地区的第四、第五积温带，气候变暖为该地区玉米播种面积的增加提供了条件。从需求因素来看，随着我国动物性蛋白需求的增加和玉米加工业（如玉米淀粉、培养基和生物乙醇）的发展，我国玉米的需求量出现了大幅度的攀升，在供求作用下，需求量的增加带动了玉米供给的增加，拉动了玉米播种面积的增加。从价格因素来看，受消费量增加的影响，我国玉米收购价格攀升。玉米的平均种植收益率曾超过了40%，这意味着，在东北地区，玉米的收益率远远高于大豆；在华北黄淮地区，除了略低于花生外，其收益率也高于小麦、棉花、大豆。因此，在经济杠杆的撬动下，很多农户缩减了其他作物的种植面积改种玉米，极大拉升了面积对增产的贡献率。从技术来看，由于玉米种植简单，机械化程度高，易于推广单粒精播和种肥异位同播，缓控释肥随播种一次施肥，劳动力投入较少。因此，出于降低种植成本的考虑，很多种植其他作物的农户也选择了改种玉米。

从杂粮来看，播种面积的贡献率达到了136.64%。而单产的贡献率则是负值。这是因为，由于生活水平的上升，我国的杂粮消费更多的是因养生和健康引发的消费，而不是生存的基本保障消费。杂粮的消费更多集中在绿色和有机产品上。因此，为了迎合消费需求，很多农户在生产中选择采取不使用农药和化肥的生产方式，影响了杂粮的单产水平。但是，由于杂粮的附加值较高，农户的生产积极性被激发，种植面积出现了较大增加。

基于以上分析，可以得出两条结论：第一，在我国粮食的"十二连增"中，对粮食增产起到主要作用的因素是粮食单产的增加，而非种植面积的扩大；第二，稻谷、玉米和杂粮的增产主要由种植面积扩大而带动，仅有小麦的增产是由于单产的拉动。可以发现，以上两条结论似乎是矛盾的，因此，以下部分将针对这两个"矛盾"结论继续研究，找到出现这种情况的根本原因。

**2. 各作物种植结构调整的结果和分析**

（1）数据来源和模型结果。本部分的研究中，2012年和2013年的大豆数据来源于国家粮食局，其他数据来源于国家统计局的《中国统计年鉴》和《中国统计公报》。分析结果如表4－6所示。

表 4-6　2004～2013 年种植结构调整和加权平均单产对粮食"十二连增"的贡献率

单位:%

| 年份 | 粮食产量 | 播种面积 | | 加权平均单产 | | 各作物单产 | | 结构调整 | |
|---|---|---|---|---|---|---|---|---|---|
| | 增长率 | 增长率 | 贡献率 | 增长率 | 贡献率 | 增长率 | 贡献率 | 增长率 | 贡献率 |
| 2004 | 9 | 2.21 | 25.34 | 6.65 | 74.66 | 5.58 | 62.71 | 1.06 | 11.94 |
| 2005 | 3.1 | 2.63 | 85.04 | 0.46 | 14.96 | 0.31 | 9.99 | 0.15 | 4.96 |
| 2006 | 2.9 | 0.65 | 22.74 | 2.23 | 77.26 | 0.98 | 33.85 | 1.25 | 43.41 |
| 2007 | 1.22 | 0.99 | 81.12 | 0.23 | 18.88 | -0.34 | -27.52 | 0.57 | 46.4 |
| 2008 | 5.99 | 1.46 | 24.88 | 4.47 | 75.12 | 4.43 | 74.52 | 0.04 | 0.59 |
| 2009 | 0.95 | 2.52 | 263.81 | -1.53 | -163.81 | -1.94 | -207.58 | 0.41 | 43.78 |
| 2010 | 3.65 | 1.31 | 36.18 | 2.32 | 63.82 | 1.57 | 43.34 | 0.74 | 20.49 |
| 2011 | 5.25 | 1.15 | 22.33 | 4.06 | 77.67 | 3.39 | 64.84 | 0.67 | 12.82 |
| 2012 | 4.03 | 1.23 | 30.88 | 2.77 | 69.12 | 1.95 | 48.62 | 0.82 | 20.5 |
| 2013 | 2.98 | 1.35 | 45.51 | 1.61 | 54.49 | 0.98 | 33.06 | 0.63 | 21.43 |
| 2014 | 1.45 | 1.34 | 91.9 | 0.12 | 8.1 | -0.06 | -4.46 | 0.18 | 12.56 |
| 2015 | 3.28 | 1.28 | 39.57 | 1.97 | 60.43 | 1.58 | 48.5 | 0.39 | 11.93 |
| 2004～2015 | 53.38 | 19.67 | 41.98 | 28.17 | 58.02 | 20.62 | 42.47 | 7.55 | 15.55 |

资料来源：根据国家统计局资料计算。

（2）结果分析。从表 4-6 可以看出，"十二连增"期间，因结构调整而引起的粮食增产超过 10% 的年份有 10 个。在"十二连增"中，所有的粮食增产都受到了粮食播种面积调整的影响。十二年间播种面积结构调整的平均贡献率达到了 15.55%。其中，2007 年、2009 年因面积调整的贡献率分别达到了 46.40% 和 43.78%。

考察"十二连增"期间的整体的粮食增产情况可以发现，十二年间我国粮食总产量的增长率为 53.38%，其中，播种面积引起的增长率为 19.67%，单产增加引起的增长率为 20.62%，结构调整引起的增长率为 7.55%，各自对粮食增产的贡献率分别是 41.98%、42.47% 和 15.55%。虽然，对粮食增产贡献率最大的还是粮食单产的增加（这与上一步的分析结果是一致的），但是，结构调整对我国粮食增产的贡献不容忽视。从表 4-6 可以看出，2006 年结构调整对粮食增产的贡献率达到了43.41%，超过了粮食播种面积的贡献率（22.74%）。这意味着，2006年粮食内部不同作物播种面积调整（即扩大高产作物的播种面积并缩减低产作物的播种面积）对粮食增产的贡献超过了粮食播种面积增加的贡献。例如，东北和华北地区减少了大豆等粮食作物播种面积，同时增加了玉米和稻谷的播种面积。玉米单产是大豆的3.2倍，稻谷单产是大豆的3.7倍，因此，以种植玉米或水稻来替代大豆，极大提升了粮食的"平均单产"。

至此，以上研究结果解释了前一节分析中发现的"矛盾"现象，即以粮食作为整体考察时，研究结果显示单产提升是增产的主要拉动力，而对各作物进行单独分析时，研究结果显示面积增加（除小麦外）是其主要的拉动力。这是因为，粮食的总播种面积没有发生明显变化的情况下，粮食内部各作物之间出现了面积的替代，高产作物面积扩大而低产作物面积缩减，各粮食作物的"绝对单产"小于粮食整体的"加权平均单产"，"加权平均单产"的迅速提高带动了粮食总产量的增加。

## 4.3 本章小结

本章对"四化"进程中影响粮食生产的因素进行了定性和定量的分析，得出如下结论。

在生产投入品方面，工业化和城镇化的发展挤占了部分耕地资源，粮食产业在耕地资源的竞争中处于劣势，用于粮食生产的耕地资源数量和质量都有所降低；农业用水也受到了工业和生活用水的竞争，粮食生产的水资源投入量连年减少，还面临着农业用水污染和水资源和其他粮食生产资源分布错位的问题；由于城镇化的发展，我国大量的农村优质劳动力转移出了粮食生产，带动了粮食价格的上升、粮食生产格局的改变、有效播种面积的减少，但也为我国粮食产业规模化和机械化生产提供了机遇；由于对高资本收益率的追求，粮食生产资金大量转移出粮食生产，影响了粮食生产的发展；工业化、信息化和农业现代化发展带动了粮食生产工具的革新，提高了粮食生产效率，增加了粮食产量，降低了生产成本。在生产意愿方面，由于粮食生产成本的上升和种粮收益的下降，农户种植粮食的意愿降低，影响了我国粮食产业的发展，但是也为粮食生产集约化和规模化提供了条件。在生产技术方面，工业化、信息化、农业现代化的发展引起了粮食生产技术提高和管理水平提高，从而带动了粮食产量的增加。实证结果表明，我国粮食增产更多是由单产提高拉动的，但是，单产的提高更多是由作物加权平均单产的提高，即高产作物对低产作物的替代而实现的，而非绝对单产的大幅增加。

# 第 5 章

# "四化"背景下的粮食需求分析

我国是粮食消费大国，粮食消费受到众多因素的影响，其中比较显著的有人口数量、收入水平、粮食价格和消费偏好等。近年来，受"四化"发展的影响，城镇化和工业化也逐渐成为影响粮食消费的重要因素，对粮食消费结构性变化的影响日益明显。与粮食生产相比，"四化"对粮食消费的影响相对单一，主要集中在城镇化和工业化对粮食消费的拉动上。因此，本章首先从人口变化、城镇化率、工业化水平、粮食价格和饮食习惯对粮食的消费进行定性分析，然后对这些影响因素进行实证研究，找到它们对粮食消费影响的具体方向和大小。

## 5.1 "四化"对粮食需求的影响

### 5.1.1 人口数量和结构变化带动需求增加

个人是粮食消费的基本单元，人口的增减直接影响粮食的需求数量。从表 5-1 可以看出，我国粮食消费数量与人口的变动趋势基本一致。另外，由于我国目前已开始着手对最为严格的人口控制政策进行逐步探索改革，人口继续增长的趋势短时间内不会停止。同时，人口迁移和结构变化都会引起粮食需求的变化，从不同的维度拉动粮食的需求。

**表5-1　1977~2017年总人口量、粮食产量和增长速度及人均粮食占有量变动**

| 年份 | 年末总人口（万人） | 产量（万吨） | 人口增长速度（%） | 产量增长速度（%） | 人均粮食占有量（公斤） |
|---|---|---|---|---|---|
| 1977 | 94 974 | 28 272.5 | — | — | 297.69 |
| 1978 | 96 259 | 30 476.5 | 1.35 | 7.80 | 316.61 |
| 1979 | 97 542 | 33 211.5 | 1.33 | 8.97 | 340.48 |
| 1980 | 98 705 | 32 055.5 | 1.19 | -3.48 | 324.76 |
| 1981 | 100 072 | 32 502 | 1.38 | 1.39 | 324.79 |
| 1982 | 101 654 | 35 450 | 1.58 | 9.07 | 348.73 |
| 1983 | 103 008 | 38 727.5 | 1.33 | 9.25 | 375.97 |
| 1984 | 104 357 | 40 730.5 | 1.31 | 5.17 | 390.30 |
| 1985 | 105 851 | 37 910.8 | 1.43 | -6.92 | 358.15 |
| 1986 | 107 507 | 39 151.2 | 1.56 | 3.27 | 364.17 |
| 1987 | 109 300 | 40 297.7 | 1.67 | 2.93 | 368.69 |
| 1988 | 111 026 | 39 408.1 | 1.58 | -2.21 | 354.94 |
| 1989 | 112 704 | 40 754.9 | 1.51 | 3.42 | 361.61 |
| 1990 | 114 333 | 44 624.3 | 1.45 | 9.49 | 390.30 |
| 1991 | 115 823 | 43 529.3 | 1.30 | -2.45 | 375.83 |
| 1992 | 117 171 | 44 265.8 | 1.16 | 1.69 | 377.79 |
| 1993 | 118 517 | 45 648.8 | 1.15 | 3.12 | 385.17 |
| 1994 | 119 850 | 44 510.1 | 1.12 | -2.49 | 371.38 |
| 1995 | 121 121 | 46 661.8 | 1.06 | 4.83 | 385.25 |
| 1996 | 122 389 | 50 453.5 | 1.05 | 8.13 | 412.24 |
| 1997 | 123 626 | 49 417.1 | 1.01 | -2.05 | 399.73 |
| 1998 | 124 761 | 51 229.5 | 0.92 | 3.67 | 410.62 |
| 1999 | 125 786 | 50 838.6 | 0.82 | -0.76 | 404.17 |
| 2000 | 126 743 | 46 217.5 | 0.76 | -9.09 | 364.66 |
| 2001 | 127 627 | 45 263.7 | 0.70 | -2.06 | 354.66 |

续表

| 年份 | 年末总人口（万人） | 产量（万吨） | 人口增长速度（%） | 产量增长速度（%） | 人均粮食占有量（公斤） |
|---|---|---|---|---|---|
| 2002 | 128 453 | 45 705. 8 | 0. 65 | 0. 98 | 355. 82 |
| 2003 | 129 227 | 43 069. 5 | 0. 60 | -5. 77 | 333. 29 |
| 2004 | 129 988 | 46 947. 0 | 0. 59 | 9. 00 | 361. 16 |
| 2005 | 130 756 | 48 402. 2 | 0. 59 | 3. 10 | 370. 17 |
| 2006 | 131 448 | 49 804. 2 | 0. 53 | 2. 90 | 378. 89 |
| 2007 | 132 129 | 50 160. 3 | 0. 52 | 0. 71 | 379. 63 |
| 2008 | 132 802 | 52 870. 9 | 0. 51 | 5. 40 | 398. 12 |
| 2009 | 133 450 | 53 082. 1 | 0. 49 | 0. 40 | 397. 77 |
| 2010 | 134 091 | 54 647. 7 | 0. 48 | 2. 95 | 407. 54 |
| 2011 | 134 735 | 57 120. 9 | 0. 48 | 4. 53 | 423. 95 |
| 2012 | 135 404 | 58 958. 0 | 0. 50 | 3. 22 | 435. 42 |
| 2013 | 136 072 | 60 193. 8 | 0. 49 | 2. 10 | 442. 37 |
| 2014 | 136 782 | 60 702. 6 | 0. 52 | 0. 85 | 443. 79 |
| 2015 | 137 462 | 62 143. 9 | 0. 50 | 2. 37 | 452. 08 |
| 2016 | 138 271 | 61 625. 1 | 0. 59 | -0. 83 | 445. 68 |
| 2017 | 139 008 | 61 793. 0 | 0. 53 | 0. 27 | 444. 53 |

资料来源：国家统计局。

#### 1. 数量变化

人口数量的上升是拉动粮食消费量增加的最直接动力。由于我国巨大的人口基数和一度过快的人口增率，世界上曾经出现过“谁来养活中国人”的质疑。但是，随着我国对粮食生产的重视和对人口增长的严格控制，我国已基本消灭了饥饿问题，粮食供求实现了基本的平衡。从表5－1可以看出，除个别年份外，我国粮食的增产速度远远大于人口增长速度，人均粮食占有量呈现出较为明显的上升趋势。

尽管如此，人口增长仍然是我国粮食消费的巨大拉动力。从1949年中华人民共和国成立时的5.4亿人到2017年末的13.9亿人，我国人口增长了1.5倍。表5－2显示出1976～2017年我国人口的增加量。可以看出，我国人口的增长量和增长速度在20世纪80年代后期达到顶峰后开始回落，而且出现了稳步降低的趋势，但我国人口总量的增加趋势依然很明显。即使不考虑粮食消费结构的变化，每年净增人口的粮食消费量都是一个相当大的数字。另外，随着居民生活水平的提高和健康意识的提高，城镇居民的人均口粮消费量在连续几年的下降后开始了逐步的回升。这意味着居民口粮的消费量不会一直减少，口粮增加对消费依然存在潜在的拉动力。另外，考虑到我国目前仍有部分处于营养不良甚至饥饿中的人口，彻底解决他们的"吃饭"问题也是我国粮食安全面临的任务，虽然这部分需求量并不突出，但也是拉动粮食需求量增加的一个重要部分。

**表5－2　1976～2017年我国人口的增加量和增长率**

| 年份 | 人口增加量（万人） | 人口增长率（%） |
|---|---|---|
| 1976～1980 | 4 988 | 5.40 |
| 1981～1985 | 5 779 | 5.85 |
| 1986～1990 | 6 826 | 6.45 |
| 1991～1995 | 5 298 | 4.63 |
| 1996～2000 | 4 354 | 3.59 |
| 2001～2005 | 3 129 | 2.47 |
| 2006～2010 | 2 643 | 2.02 |
| 2011～2015 | 2 727 | 2.02 |
| 2016～2017 | 737 | 0.53 |

资料来源：根据国家统计局资料计算。

## 2. 结构变化

人口对粮食需求的影响不仅来自数量的增加，还来自人口结构的变化。从产业分工来看，工业化的发展和服务业的壮大，使第二、第三产业就业人口的数量不断增加，农业就业人口的数量和比重都在不断减少。这意味着粮食生产者数量的减少和消费者数量的增加，即我国居民对商品粮的需求数量将会在未来的几年加速增加。从区域布局来看，人口结构变化的另一个特征就是城镇人口比例增加而农村人口减少，转移到城镇的人口不仅引起商品粮需求的增加，还会在消费结构上逐渐与城镇人口趋同，即口粮的消费量减少而肉蛋奶的消费量增加，这也会给我国粮食需求，特别是饲料粮需求带来重要影响。

### 5.1.2 城镇化发展带动粮食需求数量和结构变化

城镇化是指随着一个国家或地区社会生产力的发展、科学技术的进步以及产业结构的调整，农村人口逐渐向城镇集聚，各种要素在城镇和农村之间流通和重新配置，城乡格局进一步优化，并达到更高效率的过程。这是世界各国工业化进程中必然经历的历史阶段，也是衡量现代化水平的重要标志。为了进一步推动城镇化的发展，我国出台了一系列政策措施，鼓励和刺激城镇化加速发展。但是，农村和农业人口向城镇的转移以及资源向城镇的流动带动了一系列因素发生变化，给我国粮食消费的数量和结构带来了重大影响。

#### 1. 对粮食消费数量的影响

我国不仅在生产方面存在城乡二元结构，在消费方面也存在明显的城乡二元结构。城市居民更倾向于选择肉蛋奶等动物性蛋白较多的膳食消费模式。从表 5－3 的统计数据可以看出，我国居民在口粮、畜产品及水产品的消费上有非常明显的差异。从口粮消费看，农村居民的口粮消费量明显高于城镇居民；从畜产品的消费量上看，虽然农村居民的畜产品和水产品消费量的增长速度明显高于城镇居民，但是，消费量仍远远低于城镇居民。其中，猪肉和水产品的消费量的差异尤为明显，2012 年农村居民猪肉和水产品的人均消费量甚至低于城镇居民在改革开放之初的水平（1981 年）。

**表5-3 1981~2012年我国城市和农村居民食品消费量** 单位：公斤

| 年份 | 口粮 | | 猪肉 | | 牛羊肉 | | 禽肉 | | 蛋类 | | 奶类 | | 水产品 | |
|---|---|---|---|---|---|---|---|---|---|---|---|---|---|---|
| | 城市 | 农村 | 城市 | 农村 | 城市 | 农村 | 城市 | 农村 | 城市 | 农村 | 城市 | 农村 | 城市 | 农村 |
| 1981 | 145.4 | 256.1 | 16.9 | 8.2 | 1.7 | 0.5 | 1.9 | 0.7 | 5.2 | 1.3 | 4.1 | | 7.3 | 1.3 |
| 1982 | 144.6 | 260 | 16.9 | 8.4 | 1.8 | 0.7 | 2.3 | 0.8 | 5.9 | 1.4 | 4.5 | 0.7 | 7.7 | 1.3 |
| 1983 | 144.5 | 259.9 | 18 | 9.3 | 1.9 | 0.7 | 2.6 | 0.8 | 6.9 | 1.6 | 4.6 | 0.8 | 8.1 | 1.6 |
| 1984 | 142.1 | 266.5 | 17.1 | 9.9 | 2.8 | 0.7 | 2.9 | 0.9 | 7.6 | 1.8 | 5.2 | 0.8 | 7.8 | 1.7 |
| 1985 | 131.2 | 257.5 | 17.2 | 10.3 | 3 | 0.7 | 3.8 | 1 | 8.8 | 2.1 | 6.4 | 0.8 | 7.8 | 1.6 |
| 1986 | 137.9 | 259.3 | 19 | 11.1 | 2.6 | 0.7 | 3.7 | 1.1 | 7.1 | 2.1 | 4.7 | 1.4 | 8.2 | 1.9 |
| 1987 | 133.9 | 259.4 | 18.9 | 11 | 3.1 | 0.7 | 3.4 | 1.2 | 6.6 | 2.3 | | 1.1 | 7.9 | 2 |
| 1988 | 137.2 | 259.5 | 16.9 | 10.1 | 2.8 | 0.6 | 4 | 1.3 | 6.9 | 2.3 | | 1.1 | 7.1 | 1.9 |
| 1989 | 133.9 | 262.3 | 17.5 | 10.3 | 2.7 | 0.7 | 3.7 | 1.3 | 7.1 | 2.4 | 4.2 | 1 | 7.6 | 2.1 |
| 1990 | 130.7 | 262.1 | 18.5 | 10.5 | 3.3 | 0.8 | 3.4 | 1.3 | 7.3 | 2.4 | 4.6 | 1.1 | 7.7 | 2.1 |
| 1991 | 127.9 | 255.6 | 18.9 | 11.2 | 3.3 | 1 | 4.4 | 1.3 | 8.3 | 2.7 | 4.7 | 1.3 | 8 | 2.2 |
| 1992 | 111.5 | 250.5 | 17.7 | 10.9 | 3.7 | 0.9 | 5.1 | 1.5 | 9.5 | 2.9 | 5.5 | 1.5 | 8.2 | 2.3 |
| 1993 | 97.8 | 251.8 | 17.4 | 10.9 | 3.4 | 0.8 | 5.2 | 1.6 | 8.9 | 2.9 | 5.4 | 0.9 | 8 | 2.8 |
| 1994 | 101.7 | 257.6 | 17.1 | 10.2 | 3.1 | 0.8 | 4.1 | 1.6 | 9.7 | 3 | 5.3 | 0.7 | 8.5 | 3 |
| 1995 | 97 | 256.1 | 17.2 | 10.6 | 2.4 | 0.7 | 5.8 | 1.8 | 9.7 | 3.2 | 4.6 | 0.6 | 9.2 | 3.4 |
| 1996 | 94.7 | 256.2 | 17.1 | 11.9 | 3.3 | 1 | 5.4 | 1.9 | 9.6 | 3.4 | 4.8 | 0.8 | | 3.7 |
| 1997 | 88.6 | 250.7 | 15.3 | 11.5 | 3.7 | 1.2 | 6.5 | 2.4 | 11.1 | 4.1 | 5.1 | 1 | | 3.8 |
| 1998 | 86.7 | 248.9 | 15.9 | 11.9 | 3.3 | 1.3 | 6.3 | 2.3 | 10.2 | 4.1 | 6.2 | 0.9 | | 3.7 |
| 1999 | 84.9 | 247.5 | 16.9 | 12.7 | 3.1 | 1.2 | 6.7 | 2.5 | 10.9 | 4.3 | 7.9 | 1 | 10.3 | 3.8 |
| 2000 | 82.3 | 250.2 | 16.7 | 13.3 | 3.3 | 1.1 | 7.4 | 2.8 | 11.2 | 4.8 | 9.9 | 1.1 | 11.7 | 3.9 |
| 2001 | 79.7 | 238.6 | 16 | 13.4 | 3.2 | 1.1 | 7.3 | 2.9 | 10.4 | 4.7 | 11.9 | 1.2 | | 4.1 |
| 2002 | 78.5 | 236.5 | 20.3 | 13.7 | 3 | 1.2 | 9.2 | 2.9 | 10.6 | 4.7 | 15.7 | 1.2 | 13.2 | 4.4 |
| 2003 | 79.5 | 222.4 | 20.4 | 13.8 | 3.3 | 1.2 | 9.2 | 3.2 | 11.2 | 4.8 | 18.6 | 1.7 | 13.4 | 4.7 |
| 2004 | 78.2 | 218.3 | 19.2 | 13.5 | 3.7 | 1.3 | 6.4 | 3.1 | 10.4 | 4.6 | 18.8 | 2 | 12.5 | 4.5 |
| 2005 | 77 | 208.8 | 20.2 | 15.6 | 3.7 | 1.5 | 9 | 3.7 | 10.4 | 4.7 | 17.9 | 2.9 | 12.6 | 4.9 |
| 2006 | 75.9 | 205.6 | 20 | 15.5 | 3.8 | 1.5 | 8.3 | 3.5 | 10.4 | 5 | 18.3 | 3.1 | 13 | 5 |
| 2007 | 78.7 | 199.5 | 18.2 | 13.4 | 3.9 | 1.5 | 9.7 | 3.9 | 10.3 | 4.7 | 17.8 | 3.5 | 14.2 | 5.4 |

续表

| 年份 | 口粮 | | 猪肉 | | 牛羊肉 | | 禽肉 | | 蛋类 | | 奶类 | | 水产品 | |
|---|---|---|---|---|---|---|---|---|---|---|---|---|---|---|
| | 城市 | 农村 | 城市 | 农村 | 城市 | 农村 | 城市 | 农村 | 城市 | 农村 | 城市 | 农村 | 城市 | 农村 |
| 2008 | 63.6 | 199.1 | 19.3 | 12.7 | 3.4 | 1.2 | 8.5 | 4.4 | 10.7 | 5.4 | 15.2 | 3.4 | 11.9 | 5.2 |
| 2009 | 81.3 | 189.3 | 20.5 | 14 | 3.7 | 1.3 | 10.5 | 4.3 | 10.6 | 5.3 | 14.9 | 3.6 | 12.2 | 5.3 |
| 2010 | 81.5 | 181.4 | 20.7 | 14.4 | 3.8 | 1.4 | 10.2 | 4.2 | 10 | 5.1 | 14 | 3.6 | 15.2 | 5.2 |
| 2011 | 80.7 | 170.7 | 20.6 | 14.4 | 4 | 1.9 | 10.6 | 4.5 | 10.1 | 5.4 | 13.7 | 5.2 | 14.6 | 5.4 |
| 2012 | 78.8 | 164.3 | 21.2 | 14.4 | 3.7 | 2 | 10.8 | 4.5 | 10.5 | 5.9 | 14 | 5.3 | 15.2 | 5.4 |

资料来源：作者根据1981～2012年《中国统计年鉴》整理。

饮食结构的变化作为生活习惯的重要组成部分，会对转移到城市的农村人口产生重大影响。它会使部分新进入城市的农村居民选择与城市居民趋同的消费结构，即口粮消费量减少，而肉、蛋、奶等畜产品和其他副食消费比重扩大。这种食物消费结构的变化对粮食总需求具有长期的显著影响。其直接结果就是口粮消费减少而饲料粮消费增加，从而引起粮食消费量的迅速飙升。我国城镇化率每增加1个百分点，粮食消费量将增加100亿斤（陈萌山，2017）。随着我国城镇化进程的加快，粮食需求量随之出现攀升的趋势已不可避免。

**2. 对品种结构的影响**

饲料粮是因对动物性食品需求而产生的引致需求。根据以上分析可以得出，城镇化的推进将带动我国居民肉蛋奶消费需求的增加，进而引起饲料粮消费的增加，对于蛋白质型饲料和能量型饲料的需求将会进一步增加。这就意味着我国的玉米，特别是青贮玉米的需求量和豆粕及豆饼的需求量还会进一步增加。目前，饲料粮消费在整个谷物需求中的比重已达60%以上。在饲料粮的品种需求方面，玉米约占饲料粮消费总量的60%～65%，豆粕约占饲料粮消费总量的15%～20%，稻谷约占饲料粮消费总量的5%～10%，小麦约占饲料粮消费总量的5%～10%，薯类和其他杂粮约占饲料粮消费总量5%～10%。从图5－1可以看出，城镇化水平和饲料粮占粮食消费量的比重呈现出较为一致的变化趋势，随着城镇化水平的提高，饲料粮占粮食消费的比重以及玉米消费占粮食消费总量的比重都越来越大。由此可见，饲料粮需求已成为我国粮食消费中的重点。解决饲料粮的需求问题，尤其是饲料粮中的玉米的需求问题将是保障我国粮食安全面临的重要任务。

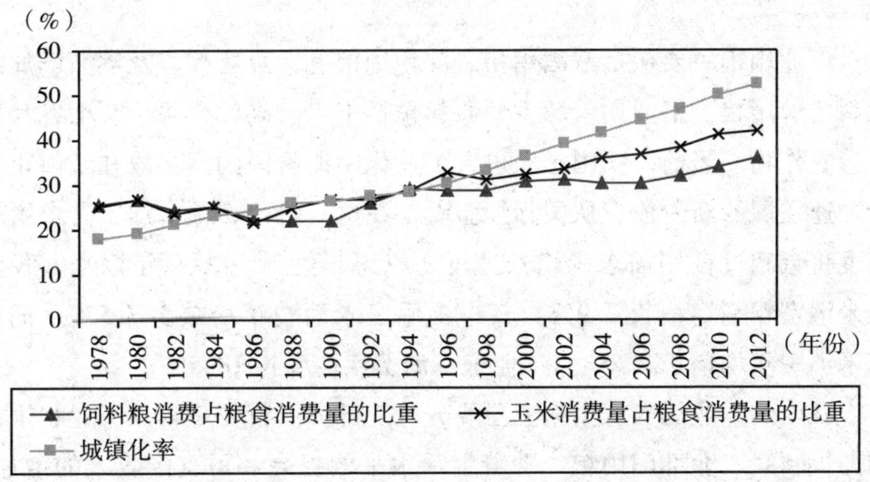


**图5－1　1978～2012年饲料粮消费比重和城镇化率的关系**

资料来源：根据国家统计局资料计算。

**3. 对流通格局的影响**

从口粮来看，我国东南沿海地区、华南地区、京津地区由于城镇化水平高、人口密度大，商品粮需求量很大，成为我国粮食产品的净输入区，而东北地区和长江中下游地区则是我国的口粮的净输出区。

但是，饲料粮的消费情况与口粮存在较大的差别。目前，我国饲料粮主要输出区为东北地区和黄淮海地区，而长江中下游地区则是我国饲料粮的主要输入区。这是因为，我国南方一些畜牧业较为发达的省份并不是玉米和大豆等主要饲料作物的主产区。因此，除依靠进口的部分外，南方部分省份的饲料粮只有依靠北方粮食的调运，这种情况正是我国“北粮南运”粮食流通格局的重要动因。目前，随着畜牧业规模经济的进一步发展，已经具有养殖业规模优势的省份更容易因“涓滴效应”而继续扩大规模，因此，照目前的情况来看，如果我国粮食产业和畜牧业格局不出现重大改善，"北粮南运"的情况短期内不会改变。

### 5.1.3 工业化发展带动工业用粮需求增加

工业用粮主要包括酿酒用粮、淀粉用粮、大豆压榨以及逐渐增加的燃料乙醇用粮。工业用粮的主要原料包括玉米、高粱、谷子、稻谷和地瓜等农作物。当前，我国已经进入工业化中期阶段的后半段和城镇化速度加速发展的新阶段。从国际经验看，在这一阶段，粮食加工需求增长速度将会超过食用需求的增长速度。以玉米为例，2000 年以来，我国玉米消费年平均增长 2.9%，其中食用玉米消费年均减少 7.5%，饲料玉米消费年均增长 2.2%，工业玉米消费年均增长 18.5%。

我国的工业用粮从用途上主要分为三部分。首先是食品工业和生物制药等新兴工业部门用粮。随着生活水平的提高和可支配收入的增加，居民对食物多样性的需求增加，对加工食品的需求也越来越多，由此看来，我国食品加工业还有较大的发展潜力，对粮食的需求也会进一步扩大。从生物制药用粮来看，大量的玉米投入培养基的制作，成为我国工业用粮消费的重要组成部分。其次是纺织、化工、味精、啤酒和白酒等传统工业部门的用粮。虽然这些传统工业部门的需求量不会在短期内发生明显的变化，但是这些部门由于基础较好，市场需求稳定，仍具有较大的发展空间。最后还包括新兴的生物乙醇制造用粮。为了保证能源安全，减少化石燃料的使用量，世界很多国家都开始了以玉米为原料的生物能源研发，如美国和巴西利用玉米生产大量的生物乙醇。我国也开始生物能源的生产，但目前使用的主要是陈化粮或非粮食作物，并且明确表示生物能源的开发要遵循"不与人争粮、不与粮争地"的原则。

我国工业用粮涉及的范围较广，涉及的粮食品种较多，在粮食总需求中的份额一直呈现上升趋势，仅次于饲料用粮和居民口粮。从中长期来看，随着我国近年来经济的增长和工业化进程的加快，我国工业用粮的消费需求仍将快速增长，预计到2020年其数值将突破11 040万吨（贾伟，2013）。

### 5.1.4 收入增加带动粮食消费量增加

粮食和其他食品的消费行为，实质就是在一定的预算约束下各种可能组合的集合。随着国民经济的增长，我国居民的可支配收入不断增加，意味着食品消费的预算约束曲线外移，能够消费的食品数量自然就更多，对粮食的需求也会随之增加。由于口粮需求的收入弹性较小，在满足温饱以后，收入的增加对于口粮的需求不会产生明显的影响。同时，由于畜产品和水产品需求对收入的变化更加敏感，因此，收入提高更多将改变的是食物的消费结构。具体而言，随着收入的增长，增长的收入首先用于满足在低收入水平时尚未满足的食物需要，主要为谷物、油脂类等。在达到中等收入时，则开始改善食物质量，增加动物性食品的消费量（肉、蛋、奶类）。之后，随着收入的继续增加，则开始注重摄入食物的健康性，在副食品消费中向"一多"（多维生素）、"二高"（高蛋白、高能量）、"三低"（低脂肪、低胆固醇、低糖盐）方向发展，一些低脂肪、高蛋白、营养丰富的牛羊肉、瘦肉等消费大增。

首先，根据国际经验，收入增加将会带来食品消费中的改善性投资增加，即将增加的收入用于提高高档食品和动物性食品消费量，减少口粮消费量。根据联合国粮农组织统计分析，人均肉类消费与人均GDP关系密切，在收入水平较低的国家，收入增加极大地促进了畜产品消费量的增长。国际经验表明，人均国民生产总值在1 000～3 000美元时，食品消费开始注重质量，追求食品的营养与安全，而我国在2003年人均国民生产总值就达到了1 000美元，目前正处于食物消费水平和消费结构的重要变动时期（陆文聪，2008）。由此看来，我国的收入水平对粮食消费的影响还将继续下去。另外，关于粮食消费量和人均收入水平的研究表明，1978年以来，我国人均国民生产总值每提高10%，粮食的间接消费量增加430万吨。研究我国粮食间接消费与人均国民生产总值的弹性分析后可以发现，随着人均收入水平的提高，粮食间接消费弹性值不断上升（李成贵，2009）。也就是说，随着人均国民生产总值的增加，粮食间接消费需求的增长越来越快。

其次，随着居民收入水平的提高和对饮食健康的追求，城乡居民的消费结构将逐渐向多元化发展，即减少口粮消费而增加果蔬类农产品的消费。因此，这些经济作物需求的增加将会带动供给的增加，挤占我国粮食生产所需的耕地、水和劳动力资源，给我国粮食生产带来压力。

最后，随着收入水平的增长，粮食消费支出在收入中所占的比重越来越小，居民对粮食价格更加不敏感，人们食物消费需求从追求数量向追求质量转变，越来越重视食物质量安全，对高质量产品消费需求不断增长。一方面，消费者越来越倾向于消费绿色、有机的粮食产品，对粮食的安全生产重视程度增加；另一方面，收入水平的提高也使我国居民对粮食的口感和品质要求提高，消费者愿意在更高的价格水平上购买口感更好的粮食产品。

### 5.1.5 粮食价格对消费的影响不明显

价格是调节供需的重要工具。从供给方面看，合理的粮食价格可以保护农民种粮积极性，保证粮食生产中的要素投入，从而保证粮食的有效供给；从需求方面看，由于粮食价格的上涨会在一定程度上抑制粮食的过度浪费，但是由于粮食的需求弹性较小，粮价上涨幅度过大，将会引起物价普遍上涨和中低收入家庭生活困难，不利于维护平稳的宏观经济环境，因此，国家会采用宏观经济手段维持粮食价格的相对稳定。整体来看，在国家干预粮食价格的大环境下，粮食的价格与粮食的消费量没有呈现出明显的相关趋势（见图5-2）。

### 5.1.6 饮食习惯一定程度上维持了粮食消费稳定

饮食习惯受到地域、文化、物产、历史的长期影响，虽然会因经济

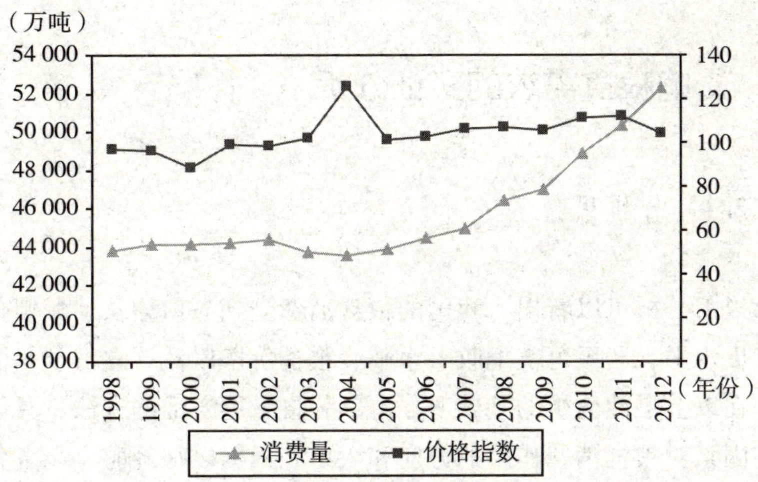


**图5-2　1998~2012年粮食消费量和粮食价格指数的关系**

资料来源：根据国家统计局资料计算。

发展和生活水平的提高而发生逐步转变，但一般不会在短期内发生迅速改变。目前，欧美发达国家的年人均肉类消费在70~120公斤。东方民族消费习惯以素食为主，比如日本的食物结构中，年人均肉类消费在40公斤，鱼类消费在36公斤，奶类消费较多，达到91公斤。另外，与西方人的"肉食谱系"不同，中餐以"菜食谱系"为主；中国食品消费档次的提高，不是以肉类消费的多少为标志，而是以菜食谱系消费的丰富为标志。美国20世纪70年代人均收入在3 500美元左右，这一时期，美国人均粮食的总消费量（包括饲料粮等）基本稳定，达到600~700公斤。目前，中国城镇人均年可支配收入也基本达到这一数字，但是，城镇人均粮食综合消费量只有400公斤左右，两者前后的差距近1倍①。其主要原因是两国饮食习惯的差异，传统上，亚洲国家的食品消费以谷物和蔬菜等植物性食品为主，虽然收入水平的上升会带来蛋白质消费的增加，但是短期内不会转变为西方国家的以蛋白质为主的消费模式。

① 根据联合国粮农组织数据整理。

## 5.2 影响粮食需求的实证分析

### 5.2.1 分析思路

从以上分析可以看出，我国的粮食消费受到人口增长、城镇化和工业化发展水平、居民可支配收入水平、粮食价格以及饮食习惯等因素的影响。在以上定性分析的基础上，本部分将采用实证的方法，具体研究以上各因素对粮食消费作用的方向和大小。根据以往经验，以上各因素可能会存在较为明显的多重共线性，直接回归会对结果造成影响。在进行回归分析前，本部分首先将对获取的数据进行检验。

### 5.2.2 数据来源和方法

#### 1. 数据来源和处理

为了衡量人口增长、城镇化率、工业化水平、收入水平、粮食价格和饮食习惯对口粮消费量和饲料粮消费量的影响，在实证分析中选取了以下解释变量：人口数量、人均可支配收入指数、恩格尔系数、粮食相对价格、城镇化率、工业增加值占 GDP 的比重以及消费者饮食习惯作为自变量，通过回归分析来找到他们对口粮消费量和饲料粮消费量的影响。其中，各个变量的原始数据来自《中国统计年鉴》，其具体的处理方法如下：平均可支配收入指数是以 1978 年的可支配收入为基期 100，其他年份与其相比得到的指数数值；粮食相对价格是指粮食和其他食品（主要消费食品）的相对价格，计算方法为粮食的零售价格指数除以食品的零售价格指数；城镇化率即城市人口数量除以人口总数；工业化率采用第二产业增加值占 GDP 的比重来反映；居民饮食习惯用动物性蛋白质食品与粮食的消费比例来表示，即将人均的动物性食品消费量的总和除以人均口粮消费量，以表示在摄入的总食品中，居民对于蛋白质和粮食的不同消费倾向。处理后的数据见表 5 - 4[①]。

**表 5 - 4　　1984 ~ 2012 年粮食消费影响因素**

| 年份 | $X_1$（平均可支配收入指数） | $X_2$（人口，万人） | $X_3$（相对价格指数） | $X_4$（城镇化水平，%） | $X_5$（工业增加值占 GDP 的比重，%） | $X_6$（偏好指数） |
|---|---|---|---|---|---|---|
| 1984 | 228.60 | 104 357.00 | 0.97 | 0.23 | 0.43 | 0.09 |
| 1985 | 243.18 | 105 851.00 | 0.97 | 0.24 | 0.43 | 0.10 |
| 1986 | 254.33 | 107 507.00 | 1.02 | 0.25 | 0.44 | 0.11 |
| 1987 | 265.36 | 109 300.00 | 0.96 | 0.25 | 0.44 | 0.10 |
| 1988 | 277.55 | 111 026.00 | 0.93 | 0.26 | 0.44 | 0.10 |
| 1989 | 273.41 | 112 704.00 | 1.04 | 0.26 | 0.43 | 0.10 |
| 1990 | 281.33 | 114 333.00 | 0.95 | 0.26 | 0.41 | 0.11 |
| 1991 | 289.11 | 115 823.00 | 1.05 | 0.27 | 0.42 | 0.12 |
| 1992 | 307.83 | 117 171.00 | 1.15 | 0.27 | 0.43 | 0.13 |
| 1993 | 321.21 | 118 517.00 | 1.12 | 0.28 | 0.47 | 0.13 |
| 1994 | 339.35 | 119 850.00 | 1.14 | 0.29 | 0.47 | 0.13 |
| 1995 | 356.51 | 121 121.00 | 1.11 | 0.29 | 0.47 | 0.14 |
| 1996 | 382.59 | 122 389.00 | 0.99 | 0.30 | 0.48 | 0.13 |
| 1997 | 397.28 | 123 626.00 | 0.91 | 0.32 | 0.48 | 0.14 |
| 1998 | 414.01 | 124 761.00 | 1.00 | 0.33 | 0.46 | 0.15 |
| 1999 | 434.23 | 125 786.00 | 1.01 | 0.35 | 0.46 | 0.18 |
| 2000 | 447.29 | 126 743.00 | 0.91 | 0.36 | 0.46 | 0.21 |
| 2001 | 470.79 | 127 627.00 | 0.99 | 0.38 | 0.45 | 0.20 |
| 2002 | 506.09 | 128 453.00 | 0.99 | 0.39 | 0.45 | 0.26 |
| 2003 | 536.01 | 129 227.00 | 0.99 | 0.41 | 0.46 | 0.29 |
| 2004 | 573.89 | 129 988.00 | 1.15 | 0.42 | 0.46 | 0.29 |

① 2012 年我国粮食消费的统计口径进行了调整，调整前后数据不再具有可比性，为了获得较长的时间序列数据，本研究选择了 1984 ~2012 年的数据进行分析。

续表

| 年份 | $X_1$（平均可支配收入指数） | $X_2$（人口，万人） | $X_3$（相对价格指数） | $X_4$（城镇化水平，%） | $X_5$（工业增加值占 GDP 的比重,%） | $X_6$（偏好指数） |
|---|---|---|---|---|---|---|
| 2005 | 617.15 | 130 756.00 | 0.99 | 0.43 | 0.47 | 0.33 |
| 2006 | 670.70 | 131 448.00 | 1.00 | 0.44 | 0.48 | 0.35 |
| 2007 | 742.71 | 132 129.00 | 0.95 | 0.46 | 0.47 | 0.36 |
| 2008 | 803.77 | 132 802.00 | 0.94 | 0.47 | 0.47 | 0.37 |
| 2009 | 877.42 | 133 450.00 | 1.05 | 0.48 | 0.46 | 0.38 |
| 2010 | 959.79 | 134 091.00 | 1.04 | 0.50 | 0.47 | 0.41 |
| 2011 | 1 054.54 | 134 735.00 | 1.00 | 0.51 | 0.47 | 0.45 |
| 2012 | 1 161.02 | 135 404.00 | 0.99 | 0.53 | 0.45 | 0.48 |

资料来源：根据国家统计局资料计算。

为了衡量我国粮食的消费水平，选取了人均口粮消费量和人均饲料粮消费量作为被解释变量。其中，口粮消费量采用国家统计局历年发布的《中国统计年鉴》中口粮消费量数据，饲料粮的消费数据是将肉蛋奶和水产品等养殖畜产品和水产品的消费量按照一定比例折算为饲料粮消费量。具体数值见表 5－5。

**表 5－5　1984～2012 年我国各类食物消费情况变动**　单位：公斤

| 年份 | $Y_1$（口粮） | 猪肉 | 牛羊肉 | 禽类 | 鲜蛋 | 水产品 | 鲜奶 | $Y_2$（折算后的饲料粮消费量） |
|---|---|---|---|---|---|---|---|---|
| 1984 | 237.87 | 39.18 | 2.11 | 2.90 | 8.68 | 3.13 | 1.07 | 57.07 |
| 1985 | 227.56 | 40.46 | 2.22 | 3.54 | 10.22 | 3.10 | 1.26 | 60.80 |
| 1986 | 229.53 | 44.20 | 2.08 | 3.70 | 9.21 | 3.48 | 1.30 | 63.97 |
| 1987 | 227.62 | 44.07 | 2.33 | 3.74 | 9.39 | 3.53 | 1.15 | 64.21 |
| 1988 | 227.93 | 40.19 | 2.08 | 4.25 | 9.66 | 3.27 | 1.14 | 60.60 |
| 1989 | 228.65 | 41.31 | 2.18 | 4.11 | 10.06 | 3.58 | 1.08 | 62.32 |

续表

| 年份 | $Y_1$（口粮） | 猪肉 | 牛羊肉 | 禽类 | 鲜蛋 | 水产品 | 鲜奶 | $Y_2$（折算后的饲料粮消费量） |
|---|---|---|---|---|---|---|---|---|
| 1990 | 227.40 | 42.76 | 2.60 | 3.95 | 10.23 | 3.61 | 1.19 | 64.35 |
| 1991 | 221.20 | 45.00 | 2.88 | 4.55 | 11.66 | 3.80 | 1.31 | 69.20 |
| 1992 | 212.33 | 43.28 | 2.97 | 5.30 | 13.05 | 3.96 | 1.53 | 70.10 |
| 1993 | 208.70 | 43.12 | 2.72 | 5.55 | 12.68 | 4.30 | 1.27 | 69.65 |
| 1994 | 213.15 | 41.25 | 2.59 | 4.93 | 13.60 | 4.61 | 1.19 | 68.17 |
| 1995 | 209.90 | 42.43 | 2.12 | 6.31 | 14.09 | 5.14 | 1.04 | 71.13 |
| 1996 | 206.98 | 45.71 | 3.03 | 6.32 | 14.65 | 5.50 | 1.19 | 76.40 |
| 1997 | 198.97 | 43.10 | 3.56 | 7.90 | 17.54 | 5.73 | 1.36 | 79.19 |
| 1998 | 194.81 | 44.86 | 3.50 | 7.74 | 16.99 | 5.85 | 1.57 | 80.52 |
| 1999 | 190.95 | 48.00 | 3.31 | 8.44 | 18.27 | 6.12 | 2.01 | 86.15 |
| 2000 | 189.39 | 49.26 | 3.38 | 9.51 | 19.72 | 6.79 | 2.53 | 91.19 |
| 2001 | 178.76 | 48.75 | 3.37 | 9.71 | 18.97 | 7.33 | 3.09 | 91.20 |
| 2002 | 174.74 | 55.19 | 3.39 | 11.42 | 19.41 | 7.92 | 4.05 | 101.38 |
| 2003 | 164.48 | 55.85 | 3.65 | 12.00 | 20.48 | 8.31 | 5.04 | 105.33 |
| 2004 | 159.79 | 53.83 | 4.10 | 9.54 | 19.45 | 7.92 | 5.32 | 100.16 |
| 2005 | 152.14 | 59.59 | 4.35 | 12.73 | 19.81 | 8.29 | 5.52 | 110.29 |
| 2006 | 148.09 | 59.31 | 4.49 | 11.99 | 20.48 | 8.63 | 5.81 | 110.70 |
| 2007 | 144.07 | 52.89 | 4.63 | 13.98 | 20.14 | 9.53 | 5.94 | 107.11 |
| 2008 | 135.43 | 53.57 | 3.98 | 13.48 | 21.86 | 8.43 | 5.28 | 106.58 |
| 2009 | 137.09 | 58.11 | 4.38 | 15.54 | 21.78 | 8.72 | 5.35 | 113.88 |
| 2010 | 131.50 | 59.48 | 4.63 | 15.33 | 20.91 | 10.30 | 5.19 | 115.83 |
| 2011 | 124.56 | 59.59 | 5.30 | 16.25 | 21.63 | 10.22 | 5.64 | 118.63 |
| 2012 | 119.35 | 60.93 | 5.15 | 16.64 | 23.04 | 10.66 | 5.83 | 122.25 |

资料来源：根据国家统计局资料计算。

**2. 计量方法**

（1）统计学检验方法。为了检验模型是否存在多重共线性，需要计算各解释变量的方差膨胀因子 $VIF$ 值。分别建立每一个解释变量对其余解释变量的辅助回归模型，通过公式 $VIF = 1/(1 - R^2)$ 可计算出以上各辅助回归模型的方差膨胀因子。

（2）主成分分析法。在使用统计回归的方法研究实际问题时，为了全面分析相关因素，一般会在回归模型中涉及较多的变量。由于实际问题通常较为复杂，变量之间可能隐藏着较强的相关性，导致回归模型中自变量之间产生共线性问题，使回归分析的结果不可靠。主成分分析法通过对原变量进行线性组合，构造一系列互不相关的新变量，使用其中对解释数据方差贡献较大的少数新变量作为主成分，以代替原变量来分析问题。因此，主成分分析法可以处理自变量之间的共线性问题，并将复杂的问题简化、降维，以少数主成分来解释因变量的变化。

这种处理是将原来 $p$ 个指标作线性组合，作为新的综合指标，这种线性组合不加限制就会有很多种。如果将选取的第一个线性组合，即第一个综合指标记为 $F_1$，我们希望 $F_1$ 能尽可能多地反映原来的信息，最经典的方法就是用 $F_1$ 的方差来表达，即 $Var(F_1)$ 越大，表示 $F_1$ 包含的信息越多。如果第一个线性组合不足以反映原来 $p$ 个指标的信息，这时再考虑 $F_2$ 即第二个线性组合，为了更有效反映原来的信息，$F_2$ 不能包含 $F_1$ 的信息，用数学的语言描述为 $Cov(F_1, F_2) = 0$，$F_2$ 称为第二主成分，以此类推到第 $p$ 个主成分，这些主成分之间不仅线性无关而且方差依次递减。

从数学上对主成分分析法进行解释。设有 $p$ 个原始指标：$X_1, X_2, X_3, \cdots, X_p$ 用这 $n$ 个单位进行评价，则共有 $np$ 个数据。主成分分析的目的是要将这些数据指标组合成新的互相独立的综合指标：$y_1, y_2, y_3, \cdots, y_p$，这些综合指标表现为原始指标的线性函数：

$$y_1 = l_{11}X_1 + l_{12}X_2 + \cdots + l_{1p}X_p,$$

$$y_2 = l_{21}X_1 + l_{22}X_2 + \cdots + l_{2p}X_p$$

$$\vdots$$

$$y_p = l_{p1}X_1 + l_{p2}X_2 + \cdots + l_{pp}X_p$$

通过数学计算可将 $p$ 个原始指标的总方差分解为 $p$ 个不相关的综合指标方差之和 $\lambda_1+\lambda_2+\cdots+\lambda_p$ 并使第一个指标的方差达到最大，第二个指标 $y_2$ 方差次大，以此类推。主成分分析来实现对总体的综合评价并且应用较少的指标。

分析所得的主要成分与原变量之间的关系由因子载荷矩阵来表示。根据因子载荷矩阵和原变量的数据可以计算主要成分的数值。以此数值对因变量进行回归分析，可以得到因变量与主成分的回归模型。由于主成分之间不具有共线性，因此所得的回归模型消除了共线性的问题。将主成分与原变量的关系式带入到主成分与因变量的回归模型中，即可得到因变量与原变量的回归方程。

### 5.2.3 实证研究结果和分析

#### 1. 多重共线性的检验结果

计算辅助回归模型的方差膨胀因子，对多重共线性进行检验的结果如表5-6所示。

表5-6　多重共线性检验结果

| 变量 | $X_1$ | $X_2$ | $X_3$ | $X_4$ | $X_5$ | $X_6$ |
|---|---|---|---|---|---|---|
| $R^2$ | 0.955631 | 0.967996 | 0.240676 | 0.99489 | 0.569052 | 0.989201 |
| $VIF$ | 11.5248 | 15.87711 | 1.061487 | 98.098 | 1.478897 | 46.55194 |

资料来源：作者计算。

$VIF$ 越大，显示共线性越严重。经验判断方法表明：当 $0<VIF<10$ 时，不存在多重共线性；当 $10\leqslant VIF<100$ 时，存在较强的多重共线性；当 $VIF\geqslant100$，存在严重多重共线性。由表5-6得出，$X_3$ 和 $X_5$ 与其他变量不存在多重共线性，而其他变量间存在较为明显的多重共线性。不能利用简单的回归进行分析。因此，在对影响因素的具体分析中，本部分考虑采用主成分分析的方法，以消除多重共线性的影响。

## 2. 主成分分析结果

采用主成分分析法（prime component analysis，PCA），提取两个主要成分 $F1$、$F2$（见表 5-7）。

表 5-7　　因子载荷矩阵

| 成分 | $F1$ | $F2$ |
|---|---|---|
| $X_1$（平均可支配收入指数） | 0.952 | -0.056 |
| $X_2$（人口/万人） | 0.958 | 0.081 |
| $X_3$（相对价格指数） | -0.065 | 0.982 |
| $X_4$（城镇化水平） | 0.988 | -0.049 |
| $X_5$（工业增加值占 GDP 的比重） | 0.711 | 0.2 |
| $X_6$（消费偏好） | 0.966 | -0.055 |

注：提取方法为主成分分析法。
旋转法：具有 *Kaiser* 标准化的征缴旋转法。

由因子载荷结果可以看出，因子 $F1$ 主要解释了平均可支配收入、人口、城镇化水平、工业增加值占 GDP 的比重和消费偏好等变量的信息，$F2$ 主要解释了粮食的相对价格的主要信息。$F1$ 与 $F2$ 的相关系数为 0.000，完全消除了多重共线性。

将 $F_1$ 与 $F_2$ 作为新自变量，根据原自变量数据和因子载荷矩阵计算 $F_1$ 和 $F_2$，并对标准化后的因变量 $Y_1$、$Y_2$ 进行回归分析，建立回归方程：

$$Y_1 = -0.233F_1 + 0.013F_2 + 1.03 \times 10^{-6} \quad (5.1)$$

$$Y_2 = 0.230F_1 - 0.049F_2 + 2.21 \times 10^{-8} \quad (5.2)$$

由因子载荷矩阵可得：

$$F_1 = 0.952X_1 + 0.958X_2 - 0.065X_3 + 0.988X_4 + 0.711X_5 + 0.966X_6 \quad (5.3)$$

$$F_2 = -0.056X_1 + 0.081X_2 - 0.982X_3 - 0.049X_4 + 0.2X_5 - 0.055X_6 \quad (5.4)$$

将方程公式（5.1）、公式（5.2）代入公式（5.3）和公式（5.4）中，得到：

$$Y_1 = -0.223X_1 - 0.222X_2 + 0.028X_3 - 0.231X_4 - 0.163X_5 - 0.226X_6 \tag{5.5}$$

$$Y_2 = 0.222X_1 + 0.216X_2 - 0.063X_3 + 0.230X_4 + 0.154X_5 + 0.225X_6 \tag{5.6}$$

从公式（5.5）可以得出，在影响我国人均口粮消费量的因素中，平均可支配收入、人口数量、城镇化水平、工业化水平和蛋白质消费偏好与人均口粮消费量的变动是反向相关的，而相对价格指数与粮食消费量是正向相关的。也就是说，人均可支配收入增加、城镇化率提高、工业化水平上升和居民对蛋白质性食物偏好的增加都会引起我国人均口粮消费数量减少。

从公式（5.6）可以得出，在影响我国人均饲料粮消费的因素中，平均可支配收入、人口数量、城镇化水平、工业化水平和蛋白质消费偏好与人均饲料粮消费量的变动是正向相关的，而相对价格指数与饲料粮消费量是反向相关的。也就是说，人均可支配收入增加，城镇化率提高、工业化水平上升和居民对蛋白质性食物的偏好增加将引起我国人均饲料粮消费数量增加，而价格指数升高，居民的饲料粮消费量下降。

虽然回归过程中对数据进行的标准化处理导致了难以定义回归系数的具体经济学意义，但是通过观察公式（5.5）和公式（5.6）中的回归系数仍然可以对各自变量和因变量之间的关系进行进一步挖掘。

对于口粮消费，城镇化水平对其消费量影响最大，然后依次是个人偏好、收入水平、人口数量和工业水平，对于口粮消费量影响最小的是粮食的价格。这与之前的定性分析结果是基本一致的，由于口粮消费属于刚性消费，价格上升并不会引起消费量的减少。但是，与其他因素相比，受收入增加和粮食消费支出在收入中所占比重下降的影响，居民口粮消费对粮食价格的反应极不敏感。

对于饲料粮消费，城镇化水平对其消费量的影响最大，然后依次为个人偏好、收入水平、人口和工业化水平，对饲料粮消费量影响最小的是粮食价格。结合之前的分析可以得出，随着城镇化、工业化的推进，使更多的农村居民转移入城镇，从而趋向于选择更多的蛋白质性食物，拉动了饲料粮的消费。与口粮的刚性消费不同，饲料粮消费由于属于改善型消费，因此，其对价格的反应更加敏感，粮食价格升高对消费量的影响相对较大。

## 5.3 本章小结

本章对"四化"进程中影响粮食消费的因素进行了定性和定量的分析，得出以下结论：对粮食消费产生明显影响的有人口数量、城镇化率、工业化水平、收入水平、粮食价格和消费偏好等。人口数量从总量和消费结构上对粮食消费产生影响；城镇化和工业化对粮食消费的影响不仅表现在数量和结构上，还表现在对流通格局的影响上；收入水平对粮食消费的影响表现在收入增加将引起口粮消费的减少和饲料粮消费的增加；粮食价格受刚性需求和收入增长的影响，对消费量的作用不明显；长期的消费偏好使我国居民的食物消费以谷物和蔬菜等植物性食品为主，短时期内不会突然出现动物性食物消费的突然增长，但动物性食物消费增加是我国居民膳食结构调整的长期趋势。实证结果表明，对口粮消费影响最大的是城镇化水平，其次是个人偏好、收入水平、人口数量、工业化水平和粮食价格。对饲料粮消费影响最大的也是城镇化水平，然后依次为个人偏好、收入水平、人口和工业化水平，对饲料粮消费量影响最小的是粮食价格。

# 第6章

# 我国粮食的供求预测及平衡分析

对影响我国粮食供给和需求的因素进行分析之后，本章将分别对供给和需求进行预测，并结合之前的分析结果研究我国粮食的供求平衡状况，着重对我国粮食安全在数量、品种、区域方面的情况进行分析。由于谷物在我国粮食生产和消费中所占的比重超过了90%，因此，本章的预测和分析以谷物为基础。

## 6.1 粮食生产和消费预测

### 6.1.1 生产预测

我国粮食生产的预测问题一直广受学者注意，但是，由于粮食生产受到大量不确定性因素的影响，学者们选择的指标、方法和原始数据存在较大差别，预测结果有很大出入。总体上看，针对粮食产量的预测模型大致分为三种：时间序列分析模型、回归分析模型和人工神经网络模型。其中，使用最多的为时间序列模型，包括ARIMA模型，灰色系统预测模型及基于马尔可夫链的预测模型等。

现有模型对粮食产量预测时，大部分选择产量作为被解释变量进行直接预测。根据第4章的分析可以知道，影响产量的因素非常多，但可以归纳为单产和面积两类，本书采用时间序列的 ARIMA 模型，分别对单产和面积进行预测，最后将其相乘得到最后的预测结果。

### 1. ARIMA 模型原理

时间序列模型有四种：自回归模型 AR、移动平均模型 MA、自回归移动平均模型 ARMA、自回归差分移动平均模型 ARIMA，可以说前三种都是 ARIMA 模型的特殊形式。

（1）自回归模型 AR($p$)。

$p$ 阶自回归模型记作 AR($p$)，满足下面的方程：

$$y_t = c + \phi_1 y_{t-1} + \phi_2 y_{t-2} + \cdots + \phi_p y_{t-p} + \varepsilon_t$$

其中，参数 $c$ 为常数；1,2 ,…,$p$ 是自回归模型系数；$p$ 为自回归模型阶数；$\varepsilon_t$ 是均值为 0、方差为 $\sigma^2$ 的白噪声序列。

（2）移动平均模型 MA($q$)。

$q$ 阶移动平均模型记作 MA($q$)，满足下面的方程：

$$y_t = \mu + \theta_1 \varepsilon_{t-1} + \theta_2 \varepsilon_{t-2} \cdots + \theta_q \varepsilon_{t-q}$$

其中，参数 $\mu$ 为常数；$\theta_1, \theta_2, \cdots, \theta_q$ 是 $q$ 阶移动平均模型的系数；$\varepsilon_t$ 是均值为 0、方差为 $\sigma^2$ 的白噪声序列。

（3）ARMA($p,q$)模型。

$$y_t = c + \phi_1 y_{t-1} + \cdots \phi_p y_{t-p} + \varepsilon_t + \theta_1 \varepsilon_{t-1} + \cdots + \theta_q \varepsilon_{t-q}$$

显然，此模型是模型 AR($p$)与模型 MA($q$)的组合形式，称为混合模型，常记作 ARMA($p,q$)。当 $p=0$ 时，ARMA(0, $q$) = MA($q$)；当 $q=0$时，ARMA($p$, 0) = AR($p$)。

（4）ARIMA($p,d,q$)模型。

对于非平稳序列，经过几次差分后，如果能得到平稳的时间序列，就称这样的序列为单整序列。设 $y_t$ 是 $d$ 阶单整序列，记作 $y_t \sim I(d)$，则：

$$w_t = \Delta^d y_t = (1-L)^d y_t$$

$w_t$ 为平稳序列，即 $w_t \sim$ I(0)，于是可以对 $w_t$ 建立 ARMA($p,q$) 模型：

$$w_t = c + \phi_1 w_{t-1} + \cdots + \phi_p w_{t-p} + \varepsilon_t + \theta_1 \varepsilon_{t-1} + \cdots + \theta_q \varepsilon_{t-q}$$

如果时间序列 $\{y_t\}$ 经过 $d$ 次差分后是一个 ARIMA$(p,q)$过程，则称原时间序列是一个 $p$ 阶自回归、$d$ 阶求整、$q$ 阶移动平均过程，记作 ARIMA$(p,d,q)$，$d$ 代表差分的次数。

**2. 谷物单产预测模型**

对于谷物单产的预测的样本空间选择为 1991～2016 年，共 26 个样本点。为检验变量的数据属性是否符合建模要求，对变量首先进行相关的 ADF 检验和辅助的平稳性检验。

第一步，单产序列的平稳性检验。先在水平值下进行单位根检验。

序列水平值 ADF 检验的结果显示，不能拒绝序列无单位根的原假设，序列是非平稳的（见表 6－1）。继续对序列的一阶差分进行检验。

**表 6－1　单产水平值的单位根检验结果**

| 检验形式 | ADF 统计量 | $P$ 值 |
|---|---|---|
| 0，0，0 | 2.933394 | 0.9984 |

资料来源：作者利用 EViews 8.0 计算。

一阶差分序列检验结果拒绝原假设，差分序列是平稳的（见表 6－2）。因此原序列含有一个单位根，是一阶单整的，即 $Ymc \sim I(1)$，其差分序列 $\Delta Ymc$ 是平稳序列。

**表 6－2　单产一阶差分序列单位根检验结果**

| 检验形式 | ADF 统计量 | $P$ 值 |
|---|---|---|
| c，0，1 | －6.076662 | 0.0000 |

资料来源：作者利用 EViews 8.0 计算。

自回归移动平均模型 ARMA$(p,q)$如下：

$$x_t = c + \phi_1 x_{t-1} + \cdots + \phi_p x_{t-p} + \varepsilon_t + \theta_1 \varepsilon_{t-1} + \cdots + \theta_q \varepsilon_{t-q} \tag{6.1}$$

第二步，模型估计。

通过分析一阶差分后的谷物单产序列的自相关和偏自相关图结合

SIC 最小的判别准则，差分后的谷物单产序列是一个包含 1 阶自回归和 5 阶移动平均的随机过程。

建立模型如下：

$$\Delta Y_{mc,t} = c + \varphi_3 \Delta Y_{mc,t-3} + \varphi_5 \Delta Y_{mc,t-5} + \varepsilon_t + \theta_3 \varepsilon_{t-3} \tag{6.2}$$

运用 EViews8.0 软件根据上述公式建立模型，谷物单产分析模型的估计结果见表 6－3。

**表 6－3　谷物单产回归结果**

| 变量 | 系数 | 标准误差 | $t$ 统计量 | $P$ 值 |
|---|---|---|---|---|
| C | 66.50157 | 8.738774 | 7.609943 | 0.0000 |
| AR（1） | －0.291295 | 0.201610 | －1.444843 | 0.1633 |
| MA（5） | －0.916776 | 0.035847 | －25.57464 | 0.0000 |
| Adjusted $R^2$ | 0.516556 | Prob（F-statistic） | 0.000187 | |
| $F$-statistic | 13.28765 | Durbin-Watson stat | 2.046487 | |
| Inverted AR Roots | －0.29 | | | |
| Inverted MA Roots | 0.98 | 0.30－0.93i | 0.30＋0.93i | －0.80＋0.58i |
| | －0.80－0.58i | | | |

资料来源：作者利用 EViews 8.0 计算。

由表 6－3 可见，模型拟合效果较好，对回归残差进行 LM 和 ARCH 检验，模型不存在序列相关和异方差等违背经典假定的问题。观察回归后的残差序列自相关图和偏自相关图，也可以得出回归残差序列是平稳的。

预测模型的形式为：

$\Delta Y_{mc}$ = 66.50156523 + [AR(1) = －0.29129506, MA(5) = －0.9167755345, BACKCAST = 1993]

$$\text{Adjusted } R^2 = 0.516556,\ F = 13.28765,\ D.W. = 2.046487 \tag{6.3}$$

第三步，模型预测精度检验。

为了检验公式（6.3）的预测精度，采用 2010～2016 年数据进行检验，考察实际值与预测值之间的差别，并计算相对误差，检验结果见表6－4。

**表6－4　　单产模型预测精度检验结果**

| 项目 | 2014年 | 2015年 | 2016年 |
| --- | --- | --- | --- |
| 实际值（公斤/公顷） | 5 896 | 5 989 | 6 004 |
| 预测值（公斤/公顷） | 5 789. 12 | 5 855. 62 | 5 922. 12 |
| 相对误差（MAPE） | 0. 018128 | 0. 022271 | 0. 013637 |

资料来源：作者计算。

检验结果显示，2014～2016年谷物单产的预测值与实际值的偏差非常小，相对误差均小于0.1（见表6　4）。这表明公式（6.3）的预测结果比较可信。可以利用其对我国未来谷物单产进行预测。

第四步，预测结果。

根据预测公式（6.3），得到我国2020年、2030年和2035年的谷物单产量（见表6－5）。

**表6－5　　我国2020年、2030年、2035年谷物单产预测**

| 项目 | 2020年 | 2030年 | 2035年 |
| --- | --- | --- | --- |
| 预测值（公斤/公顷） | 6 188. 129 | 6 853. 145 | 7 185. 652 |

资料来源：作者计算。

预计我国2020～2035年谷物单产将从6 188. 129公斤/公顷，增加到7 185. 652公斤/公顷。

### 3. 谷物播种面积预测模型

与单产预测相同，对于谷物播种面积进行预测的样本空间选择为1991～2016年。为检验变量的数据属性是否符合建模要求，首先对变量进行相关的ADF检验和辅助的平稳性检验。

第一步，播种面积序列的平稳性检验。先在水平值下进行单位根检验（见表6－6）。

**表6-6　　播种面积水平值的单位根检验结果**

| 检验形式 | ADF统计量 | P值 |
| --- | --- | --- |
| 0，0，0 | 0.422357 | 0.7969 |

资料来源：作者利用EViews 8.0计算。

检验结果未拒绝原假设，播种面积序列式非平稳序列（见表6-6）。因此，继续对一阶差分后的播种面积序列进行单位根检验。

一阶差分序列的ADF检验结果显示，拒绝原假设，差分序列是平稳的，可以用于建立模型（见表6-7）。

**表6-7　　播种面积一阶差分序列单位根检验结果**

| 检验形式 | ADF统计量 | P值 |
| --- | --- | --- |
| 0，0，1 | -2.799144 | 0.0072 |

资料来源：作者利用EViews 8.0计算。

第二步，模型估计。

对谷物播种面积的差分序列进行分析，并比较不同模型结果的AIC和SC后发现，序列为包含AR（1）、AR（3）和MA（4）的随机过程。对模型进行估计，得到回归结果（见表6-8）。

**表6-8　　播种面积模型回归结果**

| 变量 | 系数 | 标准误差 | t统计量 | P值 |
| --- | --- | --- | --- | --- |
| AR（1） | 0.515333 | 0.184069 | 2.799678 | 0.0114 |
| AR（3） | 0.276960 | 0.195172 | 1.419057 | 0.1721 |
| MA（4） | -0.884059 | 0.064248 | -13.76001 | 0.0000 |
| Adjusted $R^2$ | 0.343643 | Akaike info criterion | 18.20990 | |
| Log likelihood | -197.3089 | Durbin-Watson stat | 1.667660 | |
| Inverted AR Roots | 0.88 | -0.18-0.53i | -0.18+0.53i | |
| Inverted AR Roots | 0.97 | | | |

资料来源：作者利用EViews 8.0计算。

模型回归结果较好，各回归系数基本显著，模型不存在序列相关等违背基本假定的情况，回归残差序列是平稳的。

预测模型的形式为：

D(S) = 0 + [ AR(1) = 0.515332843136, AR(3) = 0.276960314689, MA(4) = - 0.884058671574, BACKCAST = 1995, ESTSMPL = "1995 2016" ] (6.4)

Adjusted $R^2$ = 0.343643, Log likelihood = -197.3089,

*D. W.* = 1.667660

第三步，模型预测精度检验。

采用2014～2016年数据对公式（6.4）对谷物播种面积的预测精度进行检验。

结果表明，2014～2016年谷物播种面积的预测值与实际值的偏差非常小，相对误差均小于0.1（见表6－9）。这表明公式（6.4）的预测结果比较可信。可以利用其对我国未来谷物播种面积进行预测。

**表6－9　播种面积模型预测精度检验结果**

| 项目 | 2014年 | 2015年 | 2016年 |
| --- | --- | --- | --- |
| 实际值（万公顷） | 101 086.795 | 103 225.3077 | 102 701.7344 |
| 预测值（万公顷） | 94 513.4534 | 94 627.801 | 94 727.921 |
| 相对误差（MAPE） | 0.065027 | 0.083289 | 0.077640 |

资料来源：作者计算。

第四步，预测结果。

根据预测公式（6.4），得到我国2020年、2030年和2035年的谷物播种面积。预计我国2020～2035年谷物播种面积约在9 500万～95 400万公顷（见表6－10）。

**表6－10　我国2020年、2030年、2035年谷物播种面积预测结果**

| 项目 | 2020年 | 2030年 | 2035年 |
| --- | --- | --- | --- |
| 预测值（万公顷） | 95 018.898971 | 95 220.81887 | 95 378.87440 |

资料来源：作者计算。

#### 4. 谷物产量预测结果

谷物总产量等于单产和面积的预测结果相乘，得到我国2020年、2030年和2035年的谷物产量。从表6-11可以看出，我国未来谷物生产还是会逐步保持上升的趋势，但是年均增长率放缓，2020~2035年谷物产量将从58 798.920206万吨，增加到68 535.94430万吨。

表6-11　　我国2020年、2030年、2035年谷物产量预测结果

| 项目 | 2020年 | 2030年 | 2035年 |
|---|---|---|---|
| 预测值（万吨） | 58 798.920206 | 65 327.64211 | 68 535.94430 |

资料来源：作者计算。

### 6.1.2　消费预测

灰色系统理论是由我国邓聚龙教授提出的一种处理动态系统的数学方法。其主要观点认为，任何随机过程都是在一定范围内变化的灰色量，因此随机过程也可以称为灰色过程。灰色过程的数据处理方法，是将随机性较强的数据序列转化为规律性较强的数据序列，而后建立连续微分方程模型。客观系统尽管表象复杂而随机，但它们仍是具有一定的规律和整体的功能，因而经过灰色系统所用的数据生成方法的处理，表面复杂的客观现象的数据即能够表现出较强的规律性，进而可以建立系统的连续微分方程模型。与其他预测模型相比，灰色预测模型没有误差积累的问题，因而适用于时间跨度较大的精确度较高的预测。

#### 1. 灰色系统分析与建模原理

我国谷物消费受到各个层次的众多因素影响，如生产水平、价格因素、城镇化水平、工业化水平、个人偏好、储备水平、流通情况以及政策因素等。这些因素相互影响，表面看来随机波动很大，但若对大量样本进行统计，则其中蕴含着一定的客观规律，因此具有明显的灰色特征。因此，本研究采用灰色模型来分析和预测我国未来谷物消费情况。

常用的灰色模型有：弱化随机性、强化规律性的数据预处理模型；理顺因素间关系的关联分析模型；对系统进行动态品质分析的灰色动态优化模型；优化系统功能的灰色控制模型；对混乱的数据进行归纳、分类的灰色统计与灰色聚类模型；用于系统预测和系统状态分析的灰色动态（GM）模型；以及包括灰色局势决策模型、灰色规划模型在内的决策模型。

此外，灰色投入产出模型、灰色马尔科夫模型等，也广泛用于各种预测决策之中。

**2. 灰色模型建模步骤**

设原始数据序列为：

$$X^{(0)}=[X^{(0)}(1),X^{(0)}(2),\cdots,X^{(0)}(n)] \tag{6.5}$$

对 $X^{(0)}$ 进行一阶累加，则得到序列 $X^{(1)}$：

$$X^{(1)}=[X^{(1)}(1),X^{(1)}(2),\cdots,X^{(1)}(n)] \tag{6.6}$$

其中：

$$X^{(1)}(k)=\sum_{i=1}^{k}X^{(0)}(i),(k=1,2,\cdots,n)$$

对序列 $X$（1）建立一阶线性微分方程：

$$\frac{\mathrm{d}X^{(1)}(t)}{\mathrm{d}t}+aX^{(1)}(t)=b \tag{6.7}$$

对灰参数的求解则采用最小二乘法：

$$[a,b]^T=(\mathrm{B}^T\mathrm{B})^{-1}\mathrm{B}^TY_n \tag{6.8}$$

其中，$Y_n=[X^{(0)}(2),X^{(0)}(3),\cdots,X^{(0)}(n)]^T$

$$B=\left\{\begin{array}{cc}-0.5[X^{(1)}(1)+X^{(1)}(2)], & 1\\ -0.5[X^{(1)}(2)+X^{(1)}(3)], & 1\\ \vdots & \vdots\\ -0.5[X^{(1)}(n-1)+X^{(1)}(n)], & 1\end{array}\right\} \tag{6.9}$$

由此建立的灰色 GM（1，1）模型形式为：

$$\hat{x}^{(1)}(k+1)=\left[x^{(0)}(1)-\frac{b}{a}\right]e^{-ak}+\frac{b}{a},k=1,2,\cdots,n \quad (6.10)$$

令$\hat{x}^{(0)}(1)=x^{(0)}(1)$，经过式$\hat{x}^{(0)}(k)=x^{(1)}(k)-x^{(1)}(k-1)$累减还原，得：

$$\hat{x}^{(0)}(k)=(1-e^{a})\left[x^{(0)}(1)-\frac{b}{a}\right]e^{-a(k-1)},k=2,3,\cdots,n \quad (6.11)$$

当$k\leqslant n$时，是原始数列$\hat{x}^{(0)}(k)$。拟合值，而当$k>n$时，$X^{(0)}(k)$是预测值。

**3. 预测模型的建立**

第一步，利用软件生成谷物消费的一次累加序列和紧邻均值序列。

第二步，参数估计。

根据公式（6.8）和公式（6.9），采用 Stata12.0 进行回归分析，得到模型参数估计结果，见表6－12。

**表6－12　谷物消费量的灰色预测模型参数回归分析结果**

| 项目 | 估计值 | 标准误差 | $t$统计量 | $P$值 | 95%置信间临界区间下限 | 95%置信区间临界区间上限 |
|---|---|---|---|---|---|---|
| 截距项 | 30 250. 888 | 633. 545 | 47. 749 | 2. 556E-31 | 28 960. 400 | 31 541. 377 |
| 估计系数 | －0. 0153 | 0. 001 | －18. 335 | 1. 550E-18 | －0. 017 | －0. 014 |

资料来源：作者整理计算。

由此得到模型参数估计值：

$$a=-0.0153,b=30\ 250.8882$$

第三步，模型构建。

$$X_{mc}^{(1)}(k+1)=[X_{mc}^{(0)}(1+1\ 977\ 182.2352)]e^{0.0153k}-1\ 977\ 182.2352 \quad (6.12)$$

经过式$\hat{x}^{(0)}(k)=X^{(1)}(k)-X^{(1)}(k-1)$累减还原，得到谷物消费预测模型为：

$$\hat{x}^{(0)}(k)=30\ 638.85e^{0.0153(k-1)} \quad (6.13)$$

第四步，预测结果及分析。

根据灰色预测结果，2020年消费量将会达到5.78亿吨，到2030年将会达到6.72亿吨，2035年达到7.2亿吨（见表6-13）。

表6-13　　我国2020年、2030年和2035年谷物消费量预测

| 项目 | 2020年 | 2030年 | 2035年 |
|---|---|---|---|
| 消费量（万吨） | 57 743.2265 | 67 259.5483 | 72 350.9353 |

资料来源：作者计算。

## 6.2 平衡分析

### 6.2.1 数量分析

数量问题曾一度是影响我国粮食安全的最主要问题，但随着粮食综合生产能力的提高，我国已经基本消除了饥饿问题，粮食消费正在由“温饱型”向“营养型”转变。

改革开放以来，我国的粮食生产和消费都呈现出了明显的增长趋势。1978~2017年，我国粮食产量的年平均增长率为2.01%，而消费的增长率则为1.96%。正是由于生产增长率高于消费的增长率，改革开放以来，我国的粮食呈现出了一种供求压力趋缓的情况，表明随着生产水平的上升，我国的粮食供求紧平衡的情况得到了一定改善，能够基本实现粮食自给。

尽管如此，我国粮食供求紧平衡的状态并没有彻底改变，粮食的数量安全仍是我国粮食安全中最值得关注的问题。另外，鉴于我国的资源环境承载能力、生产水平、居民消费特点和我国的粮食安全目标，对所有的粮食品种都保持较高的自给率存在较大困难。因此，我国粮食数量安全的核心问题在于保障谷物数量的供求平衡，谷物的生产和消费的平衡变动是影响我国粮食数量安全的最主要因素。

### 6.2.2 品种分析

在谷物供求趋势总体好转的形势下，我国各粮食品种的供求平衡情况并不一致。另外，通过前面分析可以得知，在其他粮食品种变动不大的同时，我国目前饲料粮消费激增，引起玉米的消费增加，给玉米供求平衡带来了压力。另外，大豆大量进口的情况在长期也会对我国的粮食安全，甚至整体的食物安全产生影响。因此，以下内容将针对不同粮食作物的供求情况进行研究①。

对于稻米来说，供求紧平衡的情况非常明显。虽然我国稻米产量一直呈现出稳步上升的趋势，但是，稻米作为我国最重要的口粮，其消费量的增加趋势也非常明显。因此，我国稻米的供求形势不容乐观，供求缺口存在明显的波动。即使在最乐观的年份，稻米的供给剩余也不到1000万吨（1990年）。另外，即使在2003年以来粮食整体连续增长的时期，稻米的供给剩余也不明显。这种情况下，一旦我国出现较为严重的气象或病虫灾害，那么稻米的脆弱供求平衡将很容易倾斜，给我国居民生活甚至社会稳定带来负面影响。

对于小麦来说，其供求缺口出现了逐步缩小的趋势，近年来已经基本扭转了供不应求的局面。我国的小麦的生产量在过去的近30年间翻了一番，而小麦的需求量的增长速度远远小于生产量。2004年以来，小麦的供给剩余量一直在稳步上升。得益于两个方面：第一，我国小麦单产量的不断增加。通过前面分析已经得到，我国小麦的播种面积在过去的10年内都没有明显增加，单产的增加是拉动小麦增产的主要动力。第二，我国小麦消费量的减少，由于小麦属于“粉质”食品，在食用和加工制作过程中步骤比较繁琐，不适合目前较快的生活节奏，影响了小麦消费群体的扩大和消费量的增长速度。因此，产量上升和消费减少两方面的共同作用使得我国小麦供求缺口逐步缩小。

---

① 由于部分品种数据缺失，本部分的研究期为1980~2009年。根据国家统计局、中华粮网及联合国粮农组织数据库资料计算。

对于玉米来说，由于饲料粮需求的拉动，我国玉米供给和需求数量的增长速度都非常快。30 年来供给量和消费量都翻了一番，平均增长速度分别达到了 3.37% 和 2.84%，在三大谷物中最高。[①] 从生产量来看，虽然个别年份的生产量出现了波动，但整体还是呈现出波动中上升的趋势；同时，玉米的消费量也呈现出稳定的上涨趋势。从供求平衡程度看，由于我国玉米从口粮转变为饲料粮的过程非常快，因此，在 2000 年前后，玉米的消费量曾经一度大幅度超过生产量，引起了我国玉米的大量进口。在此后，随着我国玉米生产的调整以及对需求情况的适应，我国玉米供求缺口逐步缩小，2004 年以后基本能够保持较为稳定的供求平衡状态。

对于大豆来说，我国的大豆生产基本处于“失守”的状态，大豆消费大量依靠进口。虽然我国的大豆生产处于增长的状态，但由于食用油数量的增加和对豆粕、豆饼等饲料粮需求的增加，我国大豆需求量一路飙升，扩大进口就成为满足我国大豆需求量不断增加的必然选择。我国从 1996 年开始由大豆净出口国转变为净进口国，1995 ~ 2016 年，进口量从 29.39 万吨一路上升到了 8 391 万吨，年平均增长率达到了 24.12%（见图 6 – 1）。在巨额进口的冲击下，我国大豆产业受到了严重影响，种植规模越来越小，机械化程度低，播种面积被高产竞争作物大量替代，整个产业面临着边缘化的困境。

### 6.2.3 区域分析

我国地域广阔，各地的粮食生产水平、资源禀赋条件和经济社会发展水平有较大差异，针对不同区域[②]粮食供求状况的分析可以更加细致地了解我国粮食供求的具体情况，为下一步优化粮食生产布局提供依据。

---

① 见第 2 章表 2 – 16。

② 本部分的区域划分仍然以中国工程院重大咨询项目《国家食物安全可持续发展战略研究》中北方、南方和西部的分区方式为依据。

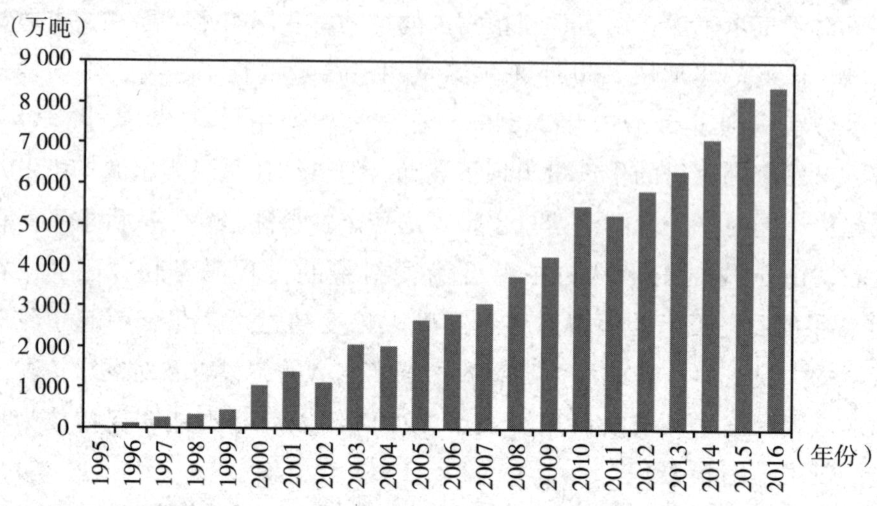


**图6－1　1995～2016年我国大豆进口量变动**

资料来源：国家统计局。

首先，北方形成了我国粮食增产中心，西部粮食自给能力有所提升，南方粮食供求失衡日益严重。我国北方9省市中有7个粮食主产区，对粮食供给起到了决定性的保障作用。特别是东北区、冀鲁豫区在粮食外调和保障全国粮食安全中发挥了越来越重要的作用，其中，东北地区成为我国最大的粮食输出地区。西部地区粮食的供求缺口在过去的30年间也逐步缩小，目前已经基本能保证本区域的自给。我国粮食供需缺口逐步拉大的省份主要位于南方，在南方的10个省市中，有5个粮食主产区和5个主销区，而其东南主销区供求失衡日益严重，自给能力不断下降，东南沿海成为最大的粮食流入地区。

其次，我国粮食自给率较高的地区主要是东北地区的黑龙江、吉林、辽宁，冀鲁豫地区的河北、河南、山东，西北地区的内蒙古、宁夏、甘肃。其中，粮食自给率增长变动最大的是吉林。改革开放前，吉林的粮食自给率不足100%，而目前吉林已经成为仅次于黑龙江的商品粮调出省。另外，虽然河北、河南和山东的粮食产量和自给率都比较高，但是由于人口众多、消费量大，能够调出的商品粮有限。宁夏、甘肃两个地区虽然产量较低，并非传统意义上的粮食主产区，但是由于人口较少，消费量也较小，粮食的供求平衡较为稳定，自给率较高。

最后，粮食供求失衡的地区主要是北方的京津地区和南方的东南沿海地区，包括广东、福建、浙江、上海等地区。这些地区中很多曾经是我国粮食的重要产区，但随着城镇化和工业化的发展，粮食生产资源大幅度减少，粮食产量一路下滑。同时，由于人口增多和其他消费的拉升，这些地区的粮食消费量一直处于上升的趋势。因此，这些省市成为供求严重失衡的主销区，生产远远无法满足需求，粮食自给率很低。

总体来看，我国改革开放以来，特别是城镇化和工业化加速发展以来，我国各地区的供求平衡情况发生了明显改变。从北方来看，吉林由供给不足地区演变为供给有余地区，辽宁由供需基本平衡区演变为供给有余地区，北京由供需基本平衡区演变为供给不足地区，其他地区保持供给有余地区，进一步表明北方的粮食生产主导地位长期比较稳定；从南方来看，浙江由供给有余地区演变为供给不足地区，福建、广东由供需基本平衡区演变为供给不足地区，表明南方的粮食生产地位明显下降；从西部来看，新疆由供给有余地区演变为供需基本平衡区，宁夏、甘肃、陕西、云南等地区粮食供给剩余量和自给率均有一定增长，表明西部粮食生产地位有所上升。

### 6.2.4 长期趋势

根据前面使用的谷物预测方法，对 2014 ~ 2035 年谷物的生产和消费情况进行预测，结果如表 6 - 14 所示。短时期来看，谷物生产量超过消费量，能够满足完全的自给；谷物中除个别品种面临较大进口压力外，整体安全水平基本稳定。但是，长期来看，生产量和消费量之间将会出现缺口，供求情况仍不容过度乐观。

表 6－14　　2020 年、2030 年、2035 年我国未来谷物生产和消费预测结果

单位：万吨

| 年份 | 生产 | 消费 | 供求缺口 |
|---|---|---|---|
| 2020 | 58 798. 92 | 57 743. 23 | 1 055. 69 |
| 2030 | 65 327. 64 | 67 259. 55 | －1 931. 91 |
| 2035 | 68 535. 94 | 72 350. 94 | －3 815 |

资料来源：作者计算。

对于我国粮食生产和消费的核心——谷物来说，其消费量在 2020 年之前将处于供大于求的状态，能够实现完全自给。但是，在 2020 年之后，消费量的不断攀升将会引起供给缺口的出现，并呈现出逐步扩大的趋势。2035 年，我国的谷物供求缺口可能会超过 3 800 万吨，谷物的"基本自给"面临挑战。

对于粮食整体来说，结合以往惯例，即谷物生产和消费占粮食总生产和消费量的 90% 左右，可以对我国未来粮食安全情况有一个大致的判断。从生产来看，随着单产提高已逐渐接近一定的限度，同时播种面积不会有明显的增加，因此，我国粮食生产难以像 1978～1984 年以及 2004～2013 年那样，出现大幅度的增产，粮食生产的增加可能会呈现出较为平稳甚至波动的趋势。从消费来看，由于 2018～2030 年是我国城镇化的快速推进期，也是我国工业化发展的关键时期，因此，粮食消费量的增长速度将明显加快，粮食的供求缺口可能会超过谷物的缺口，我国整体的粮食安全状况不容乐观。针对这种情况，如何合理调整我国的粮食安全战略，提高粮食生产能力，引导合理消费，提高谷物和粮食的自给率，就成为本书下一章的重点研究内容。

## 6.3 本章小结

本章对我国粮食的供给和需求进行了预测，并从数量、品种、区域和长期趋势分析了我国粮食的供求平衡情况，得出以下结论：利用

ARIMA 模型分别对单产和面积进行预测，然后将其相乘得到了产量的预测结果，即我国到 2035 年谷物产量将达到 6.9 亿吨；利用灰色模型对消费量进行预测，得出 2035 年谷物消费量约为 7.2 亿吨。从数量看，我国已经基本上消灭了饥饿问题，保证了自给和总量的供求平衡；从品种看，稻谷供求紧平衡，小麦供大于求，玉米供求数量增长迅速，有供不应求的趋势，而大豆消费数量激增，大部分依赖国际进口；从区域特征看，北方形成了我国粮食增产中心，西部粮食自给能力有所提升，南方粮食供求失衡日益严重；自给率增幅较大的地区主要是东北地区的黑龙江、吉林、辽宁，冀鲁豫地区的河北、河南、山东，西北地区的内蒙古、宁夏、甘肃，粮食供求严重失衡的地区主要是北方的京津地区和南方的东南沿海地区，包括广东、福建、浙江、上海等地区。

# 第 7 章

# “四化”背景下提升我国粮食安全水平的对策

我国是粮食生产和消费大国，粮食的供求一直处于紧平衡状态。基于国家安全的考虑，我国对粮食安全高度重视，对自给率的要求较高。在面对“四化”给我国粮食安全同时带来不利因素和机遇挑战的情况下，如何合理选择保障我国粮食安全的战略，就成为一个必须严肃考虑的问题。因此，本章将在之前分析的基础上，综合考虑供求两个方面的因素，提出我国粮食安全面临的问题、保障目标和具体的对策。

## 7.1 面临的挑战

综合之前各章的分析可以得出，未来我国粮食消费将继续增长，供需呈长期紧平衡态势，结构性矛盾凸显，保障供给的难度增大，粮食安全主要面临以下几个方面的挑战。

### 7.1.1 消费升级拉动粮食需求激增

我国未来粮食需求仍处于较快增长期，消费结构升级是主要拉动力，虽然口粮消费将会明显减少，但饲料粮和其他食物消费会明显增加。我国进入居民口粮消费下降但肉蛋奶消费增加、消费结构加快转型升级的新阶段。1981～2017年，我国居民膳食结构调整的趋势显示，居民口粮消费大幅减少，肉禽、蛋、奶、水产品和油脂类消费量都呈现上升趋势，只有果蔬类的摄入量变化不大（见图7－1）。可以看出，我国正在经历食物结构的明显变化期，高价值、高营养食物更多地替代了粮食。

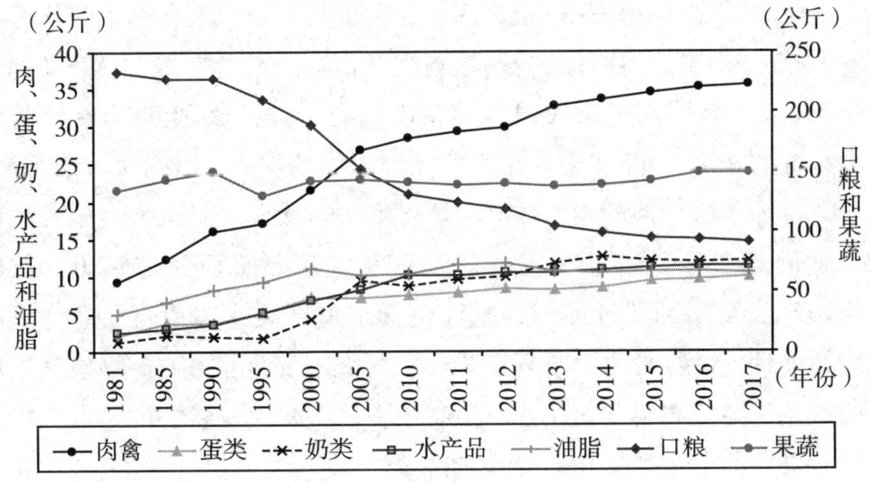


**图7－1　1981～2017年我国人均食物消费变化**

资料来源：国家统计局。

我国的食物变化以2000年为节点分为前后两个时期：2000年前，口粮的降幅相对平缓，肉禽、蛋、奶和水产品人均消费量的增加也较为平缓；2000年后，蛋白质性食物的摄入量从稳定增长转变为较快增长，口粮消费量的减少也更加迅速。由于肉蛋奶等食物均需粮食转化，粮食消费总量仍呈增长趋势。借鉴国际尤其日本、韩国两国经验，我国食物消费在未来10～15年的蛋白质性食物消费量将继续增加。根据第6章的预测，到2020年和2035年，我国粮食消费总量将分别达到57 743.23万吨和72 350.94万吨，因消费结构升级产生的增长将会占需求总增量的一半以上。

### 7.1.2 挖掘粮食增产能力的困难增大

以目前的科技发展水平和农业推广水平来看，我国的粮食生产仍具一定增产潜力。但是，随着单产不断增加和资源约束趋紧，生产潜力转换为现实产能的难度进一步加大。

从粮食增产途径来看，我国粮食的增产能力主要来自以下四个方面：一是科技进步，即挖掘粮食作物品种更新、农机农艺综合应用等其他农业技术的推广和应用给我国粮食生产带来的增产能力；二是高标准农田建设，《全国高标准农田建设总体规划》提出我国到2020年将建设高标准农田8亿亩（合5 333.3万公顷），这些农田的水、土、肥、气、热等因子协调匹配程度较高，增产潜力较大；三是南方冬闲田的利用和发展双季稻，通过熟制调整，利用南方大面积的冬闲田，鼓励"单改双"，可增加播种面积，挖掘粮食新增产能；四是西北地区发展地膜覆盖种植，在甘肃、宁夏、陕西、新疆以及内蒙古西部等地区采用全膜双垄沟播等覆膜种植技术，提高小麦、玉米、马铃薯的单产，扩大玉米、马铃薯等高产作物的等种植区域。

尽管如此，从现实可能性来看，综合考虑科技转化率、水土约束等因素，以上四个增产途径都受到了一定的社会、经济、技术和资源制约，产能挖掘存在一定的困难。具体来看，粮食产能的实现，不外乎单产提升和播种面积扩大两个途径。综合分析我国目前的粮食生产水平，未来继续增产的难度明显增大。

首先，从单产来看，受化肥农药效用降低、突破性新品种培育难度较大等影响，粮食单产增幅总体呈下滑趋向。我国粮食单产增幅下滑主要受以下四个方面的影响：一是肥效边际效用递减导致单产提高速度降低；二是育种能力短期内难有大的突破，在现有产量水平上培育超高产的新品种难度增大；三是农业科研及推广体制机制中存在的问题未根本解决，科技落地难，短期内难以改观；四是高标准农田建设渠道多且整合难度大，建设标准低、建设成效难以达到预期目标等问题目前仍然存在。因此，从单产增长的可行性分析，按现实产能难以真正达到潜在能力的生产能力。

其次，从播种面积来看，受水土资源约束，粮食面积持续增加余地不大。受快速工业化和城镇化影响，耕地资源减少的趋势难以避免。同时，借助品种结构调整来增加粮食面积的难度也不断增大。过去的十年间，粮食作物播种面积的增加很大程度上得益于其他作物面积的减少，东北大豆、黄淮海棉花、各地杂粮杂豆等面积已不断压缩，继续依靠这种方式增加粮食播种面积的可能性已经非常小。同时，南方农村青壮年劳动力的大量减少导致农民更倾向于选择广种薄收、减少投入的粮食生产方式。因此，在缺乏较强的激励措施和可行的农机替代技术的情况下，利用冬闲田和推广"单改双"的困难较大。西北旱作覆膜玉米的潜力受坡耕地改造等基础条件不到位、农机配套技术研发推广滞后、覆膜的白色污染大等影响，其面积的继续扩大也受到制约。总之，受到各种条件的限制，我国粮食虽然具有一定的增产潜力，但是将其顺利转变为现实增产能力的难度较大。

### 7.1.3 大规模的粮食进口可能会引发政治风险

根据国际粮食市场的供求情况和我国外汇储备能力，我国依靠进口弥补粮食供需缺口和结构性需求存在一定余地，但是，基于我国是粮食消费大国的现实情况，大规模的粮食进口将带来政治风险和经济风险的可能性依然存在。

分析我国目前的粮食及其他农产品贸易可以发现，我国的农产品贸易正由互补型向互补与竞争并存型转变。近年来，在大豆、棉花、植物油进口保持高位，食糖、乳制品进口大幅增加的同时，主要粮食品种全部转为净进口。2016 年，我国大豆、棉花、食糖的进口量分别达到 8 391 万吨、90 万吨和 306 万吨。谷物进口总量达到 2 199 万吨，其中，稻米和小麦的净进口量分别为 356 万吨、341 万吨[①]。在国内供给相对

① 联合国粮农组织统计数据。

宽松的情势下，稻米、小麦进口大量激增的主要原因是国际市场价格优势明显。总体来看，随着国内粮食生产成本提高和消费者对质量、多样性要求的提高，传统的以调节供求关系和品种调剂为目的的粮食贸易格局已被打破，进口产品的同质性进一步增强，粮食贸易已开始由互补型向互补与竞争并存型转变。

在这种情况下，未来依靠国际贸易弥补国内供需缺口仍有一定潜力。首先，从数量来看，我国粮食进口量占世界粮食贸易量的比重比较小。其次，从资源禀赋，特别是耕地资源来看，部分粮食生产大国具有显著资源禀赋优势。大洋洲、美洲、欧洲的人均占有耕地水平分别为1.29公顷（19.35亩）、0.40公顷（6亩）、0.37公顷（5.55亩），有大量耕地可用来生产农产品出口。最后，从生产方式上看，美国、法国等发达产粮大国普遍采取休耕、轮作等方式限制粮食产量，即使不再开发新的耕地，这些国家仍拥有大面积的土地用于增加粮食产量。因此，从以上三个方面来看，利用国际粮食市场来弥补我国粮食供求缺口都是可行的。

但是必须认清，国际粮食贸易的风险性始终存在。对我国这样的人口和粮食消费大国来说，新形势下粮食贸易面临的多重风险更是不容忽视。首先，通过国际贸易获得粮食具有较大不确定性。例如，在2005~2008年全球“粮食危机”期间，有23个国家（包括巴西、阿根廷、俄罗斯和泰国等主要粮食出口国）都采用了出口限制措施，部分大规模依赖进口的国家出现严重的社会不稳定问题，甚至引发政治动乱。其次，我国进口激增必然引发系列国际问题。由于我国粮食需求量巨大，仅增加相当于国内需求1~2个百分点的粮食进口就会引起国际市场的巨大波动。粮食的进口还会直接影响其他完全依赖进口国家的贸易成本和贸易量，带来复杂的国际矛盾，损害我国的国际政治形象。最后，大豆、玉米等粮食作物被部分出口国高度垄断。这些国家掌握了这些粮食产品的国际定价权，过度依赖进口必将给我国相关产业带来风险。另外，最值得注意的是作为主粮之一的玉米，其进口风险最需要警惕。由于很多玉米生产大国逐渐加大了燃料乙醇生产量，几乎40%的玉米被用于生产乙醇，不仅引发了"粮食与燃料"之争，也使粮食价格与能源价格挂钩，加剧了玉米国际贸易的不确定性。由此看来，国际市场虽然能够在小范围内和短时期内调剂我国粮食的供求平衡，但并不能成为解决我国粮食问题的长期的、可依赖的途径。

### 7.1.4 粮食生产成本升高导致种粮效益降低

现阶段，由于农资、土地与劳动力成本不断攀升，我国粮食生产的收益受到挤压，农户种粮积极性受到影响，缩减种植面积和减少种粮投入的情况较为常见。目前，小农户生产仍是我国粮食生产的主力。近年来，随着粮食最低收购价政策的推行和粮食生产支持政策的出台，粮农的生产收入已有较大幅度增长。但是，受国际石油价格上涨等原因的影响，种子、农药、化肥等农资成本居高不下，种粮收益始终偏低。2007～2016 年，尽管粮食平均价格上涨了63%，但化肥价格指数上涨 31.8%，农药价格指数上涨 17.7%，农资成本的快速上涨较大程度压缩了种粮收益的上升空间。

伴随着农村劳动力的大量转移及土地流转需求的增多，农业生产的劳动力和土地成本也由隐性转为显性，且在总成本中所占比重不断攀升。劳动力方面，农业生产季节性用工普遍增多，价格不断攀升。据分析，粮食生产成本中，人工成本所占比重在 2011 年已达 35% 左右。土地要素方面，据山东省菏泽市的调研数据，2010～2017 年，该市土地租金每亩每年增长 20 元左右。过去 7 年间，我国农业劳动力和土地资源的机会成本年均上涨 10% 左右，成为制约粮食生产效益提高和影响农户种粮积极性的重要因素。

### 7.1.5 增产重心与资源禀赋错位制约粮食可持续发展

增产重心与资源保护和生态安全要求不协调，粮食生产重心与资源分布错位。第 2 章、第 4 章已经对我国目前的粮食生产重心转移和区域粮食生产资源禀赋特征进行了讨论，得出了我国目前粮食增产中心主要位于北方的结论。这种区域布局和重心转移虽然很大程度上解决了南方经济发展对耕地的需求，但是带来了对北方的水和耕地资源的过度消耗。据预测，在未来10~30年内，黄河每年缺水将达到40亿~150亿立方米，北方其他江河流域和缺水问题也逐渐加剧，地下水超采严重，湿地越来越少，资源保护与生态安全受到挑战。另外，随着主产区在粮食生产中发挥越来越重要的作用，主产区与主销区的利益分配不平衡问题日益凸显。由于农业的弱质性、工农业产品价格"剪刀差"及粮食"省长负责制"等因素造成了粮食主产区利益外溢、主产区财政收入受到影响、主产区与主销区利益补偿机制不协调等问题。"北粮南运"逐渐演变成了经济相对落后的粮食主产区对经济相对发达的主销区进行变相补贴的不合理现象。目前，这种区域资源承载力不平衡、粮食生产力区域布局不平衡导致了生产过程中资源的低效利用和高能耗高成本等问题，制约了我国粮食安全的可持续发展。

### 7.1.6 保障范围不清误导生产和消费

我国现行的粮食类别功能分化，减弱了粮食政策的导向效果。粮食自给率和谷物自给率概念的模糊，使我国难以正确引导生产和消费。我国粮食概念内涵各异，统计口径也有着明显的差异。目前，我国国家统计局对粮食统计范围不但包括谷物，还包括薯类和豆类，其中谷物包括稻谷、小麦、玉米、高粱、谷子及其他杂粮（如大麦、燕麦、荞麦等）；薯类包括马铃薯和甘薯，不包括芋头和木薯；豆类包括大豆、绿豆和红小豆等。豆类按去豆荚后的干豆计算；薯类按5公斤鲜薯折1公斤粮食计算，城市郊区作为蔬菜的薯类（如马铃薯等）不作粮食统计；其他粮食按脱粒后的原粮计算①。这与国际上通行的粮食概念有很大的差别。联合国粮农组织的粮食仅仅指谷物，包括小麦、稻谷和粗粮三个类别，其

① 国家统计局统计指标解释。

中粗粮又包括大麦、玉米、黑麦、燕麦、黑小麦、高粱等，但不包括豆类与薯类，与我国粮食范围存在显著差距。因此，我国计算粮食自给率时，将很多原本不是粮食范畴的、自给率较低的作物包括了进去。1996年之前，我国的粮食自给率和谷物自给率基本一致，都在95%以上。自1997年开始，谷物自给率虽然出现了一定的波动，但是基本都保持在99%以上。相反，粮食自给率却出现了明显的下降趋势，2017年粮食自给率仅为83.52%。造成两者差异的主要原因是大豆的大量净进口。因此，相对较低的粮食自给率掩盖了我国谷物类核心粮食品种自给率已经超过100%的事实。对这一事实的认识不清就可能会引起政府部门和舆论的误解，认为粮食产量不足，从而引起对粮食产量的不断追求，继续扩大原本已经产量极高甚至过剩的谷物品种，加大了资源环境的压力。

### 7.1.7 浪费现象加剧了粮食的供求失衡

虽然我国粮食安全现状并不乐观，但由于粮食消费在居民日常支出中所占的比重较低，国家为了保证民生又将粮食价格控制在一个相对稳定的水平，因此，我国居民目前普遍缺乏珍惜粮食的观念，粮食浪费现象较为普遍。中科院典型调查数据显示，居民食物浪费现象突出，全国每年浪费的食物相当于1 800亿~2 200亿斤粮食；另外，在粮食的储藏和运输中，粮食的浪费现象也同样严重不同忽视。根据国家粮食局估计，2011年，我国粮食在储藏、运输、加工等环节损失浪费总量达700亿斤以上，占当年粮食产量约7%。以上两个方面的浪费量几乎相当于我国每年粮食新增需求量的2倍。可以看出，我国的粮食消费中，有相当一部分的粮食并没有有效地用于满足消费，这对于本来就不宽松的粮食供求状态来说无异于雪上加霜。

## 7.2 保障目标

我国一直把"吃饭"问题作为经济社会发展的头等大事，确立了

"主要依靠自己的力量解决吃饭问题"的方针。1996年，我国颁布《中国的粮食问题》白皮书，提出了"粮食自给率不低于95%，净进口量不超过国内消费量的5%"的目标；2008年颁布的《国家粮食安全中长期规划纲要（2008—2020年）》，提出了2020年谷物自给率100%的目标。2014年的政府工作报告又提出了"确保谷物基本自给，口粮绝对安全"的粮食安全目标。

面临工业化和城镇化对粮食生产的负面影响以及我国资源环境的承载能力，我国未来粮食安全的战略目标应该选择保障谷物安全，以谷物的可持续生产支撑粮食的可持续消费。考虑到上一章中对未来供求情况的预测（我国在2035年将面临超过3 800万吨的谷物供求缺口）以及我国2 215.6万吨的谷物进口配额以及优质品种贸易调节等因素，坚持以国内生产实现谷物基本自给的目标，未来我国谷物自给率应不低于95%，净进口量不超过国内消费量的5%。

值得特别注意的是，"四化"的快速推进引发了粮食消费结构调整，目前，饲料粮已经成为我国粮食消费中增长最快的部分。我国每年饲料粮消费约占粮食消费的40%左右，总量约为2亿吨。其中，除产生豆类饲料大量依靠进口外，其他饲料粮均应以国内自给为主。因此，可以判断，在严格控制人口增长以稳定口粮的前提下，未来的粮食安全问题的症结不再是口粮问题，而是饲料粮消耗带来的粮食安全压力。因此，在保障谷物自给的同时，应采取多种手段满足我国的饲料需求，保证饲用玉米的供给并大力发展牧草种植。

## 7.3 应对策略

考虑到影响我国粮食安全水平的各种问题、我国的粮食安全目标、传统的增产措施作用效果出现了效用递减，以及城镇化、工业化、信息化和农业现代化加速发展带来的新问题和新机遇，应重新调整我国粮食安全的战略决策，以化解粮食安全面临的新问题。

### 7.3.1 整体策略

总体来看，首先，要转变保障观念，包括保障的粮食种类和保障的水平；其次，要设立分级安全目标，对于不同的安全目标采取不同的战略对策；再次，还应考虑到合理、安全地利用国际粮食市场，制定内外兼顾的保障策略；最后，还应合理引导粮食消费，减少粮食浪费。

**1. 转变保障观念，突出安全核心**

粮食安全保障观念的转变主要包括两个部分。第一部分是要廓清国家层面所要保证的粮食种类范围，明确我国粮食安全保证的最核心内容是谷物的自给和居民的口粮的绝对安全。将已经不再用于口粮消费的薯类和豆类剔除出粮食的统计范围，以谷物安全的概念替代原有的粮食安全概念，认清我国谷物生产和消费的具体情况。第二部分是要认识到在人民生活水平已经比较高的现阶段，粮食安全面临着实现转型升级的新要求。在"四化"的推进过程中，伴随着城乡居民生活水平快速提高，消费需求逐渐发生质变，人们不再满足于简单的吃饱穿暖，而对吃穿的数量、结构、质量、营养都提出了更高层次的要求，由围绕低层次的吃饱穿暖向高层次吃好穿好转型升级，同时对绿色生态环境的渴望也越来越强烈。因此，粮食安全的概念不是单纯对产量的挖掘和重视，下一时期，粮食安全的概念应由单纯追求数量安全转变为数量安全、结构安全、质量安全、营养安全和生态安全并重。

**2. 设立分级目标，保障长期安全**

基于我国目前谷物完全自给的现实，我国对于粮食的保障目标应由一味保障粮食向保障食物转变，实现国内资源环境约束条件下不同食物品种的有保有限。随着工业化和城镇化的发展，我国粮食生产的资源环境约束不断加大，为了长期的可持续的粮食安全，我国应将战略目标调整为两大层级：第一，确保口粮绝对安全。按照"饭碗端在自己手里"

的原则，确保用于口粮消费的稻谷、小麦、玉米三大主粮品种实现完全自给。第二，合理确定其他用途粮食品种的自给水平。按照发挥比较优势、满足国内需求的原则，在不增加资源环境压力的情况下，合理安排生产规模，对于加工和饲料需求可以适当进口。

### 3. 利用国际市场，兼顾国内国外

虽然我国不能将粮食安全完全交给国际市场解决，但是，为了缓解国内粮食的生产压力并为居民提供多元化粮食产品，可以考虑由依赖国内生产向"两种资源、两个市场"转变，适当利用国外资源与国际市场空间满足部分国内需求。从国际上进口大豆、油料、糖料等品种，减少国内种植面积，不仅有利于保障主粮作物的供给，而且可节约国内的水土资源。据测算，2020 年因弥补需求缺口而进口的大豆折算后相当于为我国节省 6.1 亿亩耕地，相当于现有农作物播种面积的 1/4。为此，要将长期、合理利用国际资源、市场作为我国农业和经济发展、国际贸易战略的重要组成部分，统筹国内生产和国际贸易政策衔接。我国加入 WTO 后，农业进入了全面对外开放新阶段，从满足国内不断增长的消费需求出发，合理利用"两种资源、两个市场"调节余缺，并利用农业"走出去"开发他国土地发展粮食产业，都是缓解我国粮食供求压力，提高粮食安全水平的重要途径。具体策略可以分为两部分。一是放宽部分非敏感粮食产品的进口，坚持在确保玉米、稻谷、小麦基本自给的前提下，适当扩大加工型和饲料型粮食产品的进口规模（例如用于榨油的大豆和用于饲料的豆粕等），弥补国内粮食的供需缺口，缓解水土资源压力，保护生态环境。二是大力实施农业"走出去"战略。通过加强与农业资源丰富国家的合作，到国外建立稳定的粮食等重要农产品生产基地。同时，为了避免我国面临的政治风险并减小粮食企业在当地难以开展业务的经济风险，我国应合理引导"走出去"的粮食企业，明晰我国政府鼓励粮食产业"走出去"的根本目标不是将在国外生产基地产出的粮食产品运回国内，而是旨在增加世界粮食产量，缓解世界粮食供求压力，使我国从全球粮食安全状况改善中得益。

#### 4. 合理引导消费，杜绝粮食浪费

粮食安全水平不仅取决于粮食的生产量，还取决于粮食的消费量。在努力提高粮食产量的同时，我国应合理引导居民的食物消费，杜绝粮食浪费。主要包括两部分内容。第一，树立科学的膳食观念，合理引导食物消费。收入水平的提高引发了居民对蛋白质需求的激增，但是，蛋白质摄入量应该有一个合理的范围，过量的蛋白质摄入不仅不能被人体吸收，还会影响身体健康。十年来，高血压、糖尿病、肥胖等慢性疾病已成为影响我国人民健康的主要疾病，而膳食营养在这些慢性病的发病及进展中起到了很重要的作用。因此，引导居民树立科学的膳食观念，合理控制蛋白质摄入量，可以有效减少饲料粮的消费，减轻粮食安全面临的需求压力。第二，减少餐桌浪费，理性消费食品，减少因烹饪、保存不当而引起的浪费以及聚餐中普遍存在的粮食浪费现象。

### 7.3.2 品种策略

稻谷、小麦和玉米是我国最重要的谷物品种，三者产量占到谷物总产量的85%以上，它们的安全水平直接决定我国粮食安全的水平。由于三者目前的安全状况和未来面临的安全压力有很大差别，本小节将分别研究，提出针对性的战略措施。另外，由于我国大豆目前的供求情况严重失衡，而大豆又是我国最重要的油料作物和居民获取植物性蛋白的主要途径，因此，本小节也将提出针对大豆的安全战略。

第一，稻谷的战略选择上应着重引导“稳北增南”。着力建设东北平原、长江流域和东南沿海3个优势产区。在稳定南方籼稻生产的基础上，努力恢复双季稻，扩大粳稻种植面积，适度推进东北地区“旱改稻”，在江淮适宜区实行“籼改粳”。

第二，小麦的战略选择上应遵循“稳中调优”的原则。重点在黄淮海、长江中下游、西南、西北、东北5个优势区大力发展优质专用小麦种植，确保全国小麦播种面积保持稳定。

第三，玉米的战略选择上应遵循"两增一稳"原则。随着我国消费结构升级，玉米将是今后一个时期消费需求增长最快、自给难度最大的主粮品种。受国际贸易环境影响，玉米的进口风险远大于其他农产品。进一步挖掘玉米增产潜力是实现更大程度的自给水平的重要途径。以东北、黄淮海和西北3个优势区为重点，在东北和黄淮海地区推进结构调整，适当扩大玉米的种植面积；在西北积极发展覆膜种植，提高玉米单产，强化饲料用粮的保障。

第四，大豆的战略选择应以"南扩北稳"为原则。目前，我国大豆的进口量已经远远超过了生产量，完全扭转这种依赖进口的情况存在较大困难，但是我国还应保持一定的大豆自给率，以满足国内食用消费为主要目标。应逐步调整东北地区生产布局，保持一定的大豆种植面积，恢复黄淮海大豆生产，扩大南方大豆间套种，以南方间套作增加面积弥补东北地区因扩大玉米种植减少的大豆播种面积，确保大豆面积基本稳定。

第五，种植牧草作为饲用玉米的替代品。仅靠玉米供给的增加并不能满足我国对于饲料粮的大量需求，因此，应合理增加豆科类牧草的种植面积，在农牧交错区打造的优质牧草区，满足我国蛋白性饲料需求。

### 7.3.3 种植布局

目前，北方主产省份承担了我国粮食生产的主要任务，13个粮食主产区中7个位于北方。十年间新增粮食的全部贡献都来源于北方粮食主产区。但是，目前这种粮食生产格局也给我国粮食安全带来了潜在的隐患，不仅存在运输、储存等资源的浪费，还威胁了我国粮食未来的生产能力。因此，我国应重新合理安排生产布局，对于传统的粮食主产区，例如，华北、东北地区，应引导它们稳定发展粮食生产，尽量避免对粮食生产能力的过度的挖掘；对于南方一些具有粮食生产资源优势的省份，应引导它们恢复粮食生产，尽量满足自给；而对于西北部地区，不仅存在大量未开垦的可耕土地，而且粮食生产效率也存在较大的提升空间，对于这些省份，应鼓励它们进一步开发粮食生产能力，提高粮食产量。

具体来看，在依靠单产水平提升、实现总产增长的目标下，考虑三类地区资源环境承载力及其技术潜力，应以“北方稳定性增长、南方恢复性增长、西部适度性增长、全国均衡增长”为总体发展思路。具体区域战略布局包括以下三个方面。第一，北方实行稳定性增长。即努力缓解我国北方水土资源压力，放缓目前较快的谷物增长态势。降低对北方谷物年均增长率的要求，减轻北方地区农业用水和耕地资源的压力。第二，南方实行恢复性增长。即充分发挥我国南方光热资源丰富、雨热同季的优势，实现谷物产量恢复性增长。我国南方水资源丰富，光温资源同步，复种指数高，与北方相比更适宜发展谷物生产。因此，南方省份应重视粮食生产，提高粮食生产效率，即使保持现有播种面积不变，仅依照全国平均的单产增速计算，未来南方主产区、主销区的增产能力仍然不容忽视。第三，西部实行适度性增长。即充分利用水资源高效利用这一关键性技术，实行西部谷物大面积增产。目前，我国西部旱作农业多为雨养农业，大范围推广全膜覆盖技术、双垄沟播技术等高效用水技术，改变西部地区靠天吃饭的现状，使其谷物单产水平迅速提高。

## 7.4 本章小结

本章在之前研究的基础上分析了我国粮食安全面临的问题，提出了我国粮食安全的战略目标及战略选择，主要结论如下。

目前，我国粮食安全还面临着消费升级拉动需求激增、挖掘增产潜力的困难增大、大规模的粮食进口可能会引发政治风险、粮食生产成本升高导致种粮效益降低、增产重心与资源禀赋错位、保障范围不清误导生产、消费和浪费现象较为普遍的问题。面对这些问题，我国应将坚持国内谷物基本自给、“饭碗牢牢端在自己手里”的方针，以谷物自给率不低于95%、净进口量不超过国内消费量的5%作为战略目标。在具体的战略措施上，应转变保障观念，设立分级目标，利用国际市场，合理引导消费；对于不同品种，稻谷应引导“稳北增南”，小麦应遵循“稳中调优”，玉米应遵循“两增一稳”，大豆应遵循“南扩北稳”，并发展一定的面积的牧草种植，满足蛋白性饲料需求；对于整体区域布局，应以“北方稳定性增长、南方恢复性增长、西部适度性增长、全国均衡增长”为总体发展思路。

# 第 8 章

# 结论和建议

## 8.1 结　论

中华人民共和国成立以来，我国粮食安全状况有了明显改善。在生产方面，粮食产量明显上升，各类粮食作物播种面积稳定，粮食生产重心北移，粮食主产区承担了主要的粮食增产任务。在消费方面，我国粮食消费数量增长明显，口粮消费所占比重最大，但数量逐渐减少，饲料粮消费增长速度最快，其他消费类型所占比重较小；我国目前消费量最大的粮食作物是玉米，主要用于饲料粮消费，其次是稻谷和小麦，主要用于口粮消费。

随着“四化”发展的加速，我国进入新型城镇化阶段，工业化进入高速增长阶段，信息化进入加速发展阶段，农业现代化也已初步实现，这些情况对我国经济社会及粮食生产和消费都产生了重要影响。在生产方面，工业化和城镇化的发展挤占了部分耕地、水、劳动力等粮食生产资源，给粮食生产带来了负面影响，但也为粮食生产提供了机械化、规模化和集约化发展的契机；在消费方面，人口数量、城镇化率、工业化水平、收入水平、粮食价格和消费偏好都会影响我国的粮食消费。实证结果表明，我国粮食的增产主要是由单产增加拉动的，而单产的增加主要源于作物加权平均单产的提高；对口粮和饲料粮消费影响最大的是城镇化水平，影响最小的是粮食价格。

预测结果显示，2035 年我国谷物的生产和消费将分别达到 6.9 亿吨、7.2 亿吨，面临 3 800 万吨的供求缺口。我国粮食安全还面临着消费升级拉动需求激增、挖掘增产潜力的困难增大、过度依赖粮食进口存在潜在风险、粮食生产成本升高导致种粮收益降低、增产重心与资源禀赋错位、保障范围不清误导生产和消费以及粮食浪费现象较为普遍的问题。面对这些问题，我国应将坚持国内谷物基本自给、"饭碗牢牢端在自己手里"的方针，以谷物自给率不低于 95%、净进口量不超过国内消费量的 5% 作为战略目标。在具体的战略措施上，应转变保障观念，设立分级目标，利用国际市场，合理引导消费；对于不同品种，稻谷应引导"稳北增南"，小麦应遵循"稳中调优"，玉米应遵循"两增一稳"，大豆应遵循"南扩北稳"，并合理安排牧草种植，满足蛋白性饲料需求；对于整体区域布局，应以"北方稳定性增长、南方恢复性增长、西部适度性增长、全国均衡增长"为总体发展思路。

## 8.2 建　议

基于以上研究结果，本书认为，"四化"加速发展的背景下，应从供给和需求方面采取措施，保障新时期粮食安全水平。

### 8.2.1 供给方面

第一，培育新型经营主体。城镇化影响下，农村居民向城镇迁移的趋势短期不会结束，避免农业劳动力流失而造成粮食减产是我国目前面临的重要课题，解决"谁来种粮"问题，特别是"谁来生产商品粮"问题成为当务之急。另外，城镇化和工业化也提供了消化我国农村剩余劳动力，推动粮食规模经营的契机。因此，必须在坚持家庭承包经营的基础上，加快培养新型职业农民，培育种粮大户、家庭农场、专业合作社、农业产业化龙头企业、农业社会化服务组织等新型粮食生产经营主体，把城镇化给我国粮食生产带来的压力和挑战变为机遇和动力。在培育新型经营主体的同时，应注意引导其生产经营规模，引导小规模分散经营向规模化转变，发挥规模优势，提高粮食生产的效率和效益。

第二，改善农田基础设施建设。随着针对粮食生产的财政投入力度的增大，我国粮食生产基础设施建设近年来已经有了较大改观，但是，在西部地区和南方地区还有较多的生产条件有待改善的“雨养田”和坡耕地，这些地区具有较大的粮食生产潜力。因此，加快推进以水利为重点、“田土水电”综合配套的农田基础设施建设是现代农业发展带动粮食生产的重要手段，也是未来粮食增产的物质基础。应按照不同区域粮食生产和农艺技术应用要求，通过开展土地平整、田间排管沟、集雨蓄水、田间道路等建设，加快改造中低产田，为科技挖掘增产潜力创造必要条件。

第三，提升粮食生产机械化水平。机械是工业化和农业现代化科技成果的物化，大力推进机械化发展能够有效减少农业劳动力投入，提高粮食生产效率。应利用国家大规模开展农机购置补贴的时机，优化农机装备结构，着力提升综合机械化水平，实现粮食作物全程机械化。

第四，提高科技化对增产的贡献率。在我国粮食播种面积受到城镇化和工业化威胁以及其他经济作物竞争的情况下，利用信息化和农业现代化的科技手段提高粮食单产，成为我国粮食增产的动力源泉。在未来的粮食生产中，要加快推进粮食作物的种业科技创新，选育高产优质的新品种；集成配套高产栽培技术，特别是尽快集成组装适宜不同区域、不同作物的规模化生产技术模式，推进良种良法配套，农机农艺结合，以科技提升粮食单产。

第五，保障粮食生产环境安全。目前，我国水、土等粮食生产资源的承载能力已经接近极限。为保证我国粮食安全的长期可持续发展，必须在保证当前粮食供给的同时，依靠现代农业的技术手段，根据农田生态系统的环境承载力，以生态和经济协调发展为目标指导粮食生产的布局、投入和治理等，将粮食安全供给的短期目标和长期目标结合起来，实现粮食生产的经济效益、环境效益、社会效益三者统一。

### 8.2.2 需求方面

第一，制定差异化的需求保障目标。从我国粮食供求的具体情况和社会经济发展阶段来看，面面俱到的保障所有品种和所有消费途径的自给会给我国粮食生产甚至整个经济带来巨大压力。因此，应区别对待不同的粮食品种和不同的消费需求，制定差异化的保障目标。对于谷物，特别是用于口粮的稻谷、小麦和食用玉米，必须保证其95%以上的自给率。而对于部分用于加工和饲料的作物，如加工所需玉米和饲用大豆等，则可以考虑部分进口，或者种植其他替代性作物，以达到最小成本下获得最大的粮食安全保障。

第二，引导粮食的理性消费。不论粮食消费还是其他肉、蛋、奶等食物的消费都不是越多越好，而是应该根据人体需要合理选择膳食结构。因此，我国应尽快出台新的居民膳食指南，并通过宣传引导，倡导减量、营养、健康、绿色的新型消费方式，提高消费者对粮食安全形势的认识，减少过度消费和不必要的浪费，减轻全社会过高粮食需求对资源和环境的压力。另外，在政策保障上，应完善消费税“调节消费结构”的功能，通过增税等手段抑制不良消费和浪费。

# 参考文献

[1] 白石和良．中国的粮食安全保障和粮食贸易政策［J］．世界农业，2001，3：10－13.

[2] 蔡承智，陈阜．中国粮食安全预测及对策［J］．农业经济问题，2004，4：16－20.

[3] 蔡昉．中国劳动力市场发育与就业变化［J］．经济研究，2007，7：4－14.

[4] 曹宝明，李广泗，徐建玲．中国粮食安全的现状、挑战与对策研究［M］．北京：中国农业出版社，2011.

[5] 陈萌山．树立中国食物安全和营养新理念［R］．农业转型与城镇化背景下的可持续食物安全与营养国际研讨会，2017－5－26.

[6] 陈锡文．我看当前的粮食安全问题［J］．学习月刊，2010，10：17－18.

[7] 陈印军，肖碧林，卢布．我国谷物发展态势与未来展望［J］．中国农业资源与区划，2008，5：1－7.

[8] 陈永福．中国粮食供求预测与对策探讨［J］．农业经济问题，2005，4：8－13.

[9] 成升魁，李云云，刘晓洁，王灵恩，吴良，鲁春霞，谢高地，刘爱民．关于新时代我国粮食安全观的思考［J］．自然资源学报，2018，33（6）：911－926.

[10] 程国强．粮价异常波动亟须综合调控［J］．发展，2010，6：5.

[11] 程申，郑志浩．基于 Tornqvist-Theil 方法的中国粮食生产增长核算研究［J］．河南农业大学学报，2017，51（6）：884－892.

[12] 仇焕广，李登旺，宋洪远．新形势下我国农业发展战略的转

变——重新审视我国传统的“粮食安全观”[J]. 经济社会体制比较，2015（4）：11－19.

[13] 崔宁波，郭翔宇. 我国大豆生产技术及应用的经济分析 [M]. 北京：中国农业出版社，2010.

[14] 戴魁根，任泽民，谢慧. 调动农民种粮积极性的三大举措 [J]. 中国稻米，2007，6：1－8.

[15] 邓义，陈哲，邢慧茹，段凌峰. 供给侧改革下提高中国居民粮食产品消费质量的实证研究——基于全国27个省市区粮食产品消费行为的调研 [J]. 消费经济，2018，34（1）：58－64.

[16] 丁晨芳. 组合模型分析方法在我国粮食产量预测中的应用 [J]. 农业现代化研究，2007，1：101－103.

[17] 丁声俊，彭松森. 变“国家粮食安全”为“国家综合化食物安全”[J]. 调研世界，2004，12：9－11.

[18] 丁声俊. 中国粮食供求平衡与市场价格分析 [J]. 农业展望，2005，3：3－7.

[19] 段应碧. 推进“三化”的着力点是加快农业的现代化 [J]. 农村工作通讯，2011，17：16－17.

[20] 范建刚. 我国财政支农规模化问题研究 [J]. 北京：中国社会科学出版社，2009.

[21] 高帆. 中国粮食安全的测度：一个指标体系 [J]. 经济理论与经济管理，2005，12：5－10.

[22] 高帆. 中国粮食安全的理论研究与实证分析 [M]. 上海：上海人民出版社，2005.

[23] 葛结根. 粮食安全：一个基于持续、稳定发展的经济学发展框架 [J]. 农业经济问题，2004，4：21－25.

[24] 耿玉环，张建军，田明中. 论我国耕地保护与粮食安全 [J]. 资源开发与市场，2007，23：906－909.

[25] 郭敏，曲艳芳. 农户投资行为实证研究 [J]. 经济研究，2002，6：86－92.

[26] 国家发改委. 全国高标准农田建设总体规划 [EB/OL]. http：//

www. gov. cn/zhengce/content/2013 - 10/22/content_2718. htm，2013. 10. 22.

[27] 国家粮食安全中长期规划纲要（2008—2020 年）[EB/OL]. 中央政府门户网站，2008 - 11 - 13 [2011 - 12 - 28]. http：//www. gov. cn/jrzg/2008 - 11/13/content_1148414. htm.

[28] 韩庆海，王焕曦，李少林. 我国粮食流通体制改革与政策创新 [J]. 管理学家，2009，12：238 - 239.

[29] 韩长赋. 加快推进农业现代化，努力实现“三化”同步发展 [R]. 中国农业经济学会 2011 年学术研讨会，2011.

[30] 何蒲明，黎东升. 基于粮食安全的粮食产量和价格波动实证研究 [J]. 农业技术经济，2009，2：85 - 92.

[31] 何友，曾福生. 中国粮食生产与消费的区域格局演变 [J]. 中国农业资源与区划，2018，39 (3)：1 - 8.

[32] 胡岳岷，任春良. 中国粮食生产波动周期再分析 [J]. 东北师大学报（哲学社会科学版），2007，5：107 - 111.

[33] 黄季焜，杨军. 本轮粮食价格的大起大落：主要原因及未来走势 [J]. 管理世界，2009，1：72 - 78.

[34] 黄季焜. 中国的食物安全问题 [J]. 中国农村经济，2004，10：4 - 10.

[35] 黄黎慧，黄群. 我国粮食安全问题与对策 [J]. 粮食与食品工业，2005，5：1 - 5.

[36] 黄奕忠. 粮食最低收购价格政策的经济学分析 [J]. 金融与经济，2006，7：13 - 15.

[37] 贾伟，秦富. 我国粮食需求预测 [J]. 中国食物与营养，2013，19 (11)：40 - 44.

[38] 姜长云. 关于我国粮食安全的若干思考 [J]. 农业经济问题，2005，2：44 - 48.

[39] 姜长云. 关于我国粮食安全问题的两个判断 [J]. 中国经济时报，2005，12：2.

[40] 姜长云. 我国粮食供求平衡问题的现状与展望 [J]. 经济研究参考，2004，41：21 - 36.

[41] 蒋和平. 建设中国现代农业的思路与实践 [M]. 北京: 中国农业出版社, 2008.

[42] 蒋乃华, 张雪梅. 中国粮食生产稳定与波动成因的经济分析 [J]. 农业技术经济, 1998, 6: 40-44.

[43] 柯炳生. 关于我国粮食安全的若干问题 [J]. 农业发展与金融, 2004, 3.

[44] 柯炳生. 加快推进现代农业建设的若干思考 [J]. 农村经营管理, 2007, 3: 15-17.

[45] 柯炳生. 我国粮食的安全问题与对策思路 [J]. 中国农垦, 2005, 1: 15-18.

[46] 蓝海涛, 王为农. 我国中长期粮食安全的若干重大问题及对策 [J]. 宏观经济研究, 2007, 6: 7-13.

[47] 蓝海涛, 王为农. 中国中长期粮食安全重大问题 [M]. 北京: 中国计划出版社, 2008.

[48] 雷平. 中国粮食安全的系统评价和实现机制研究 [D]. 中国农业科学院, 2016.

[49] 李成贵. "掘金" 农业——粮食之外有文章 [J]. 金融博览, 2009, 5: 18-19.

[50] 李文明, 唐成, 谢颜. 基于指标评价体系视角的我国粮食安全状况研究 [J]. 农业经济问题, 2010, 31 (9): 26-31+110-111.

[51] 李先德, 王士海. 国际粮食市场波动对中国的影响及政策思考 [J]. 农业经济问题, 2009, 9: 9-15.

[52] 李岳云. 工业化、城市化与粮食安全 [J]. 现代经济探讨, 2007, 1: 27-30.

[53] 梁姝娜, 公丽君, 张友祥. 粮食安全影响因素的国际比较分析——以中国、印度、泰国、乌干达四国为例 [J]. 当代经济研究, 2016 (1): 83-90.

[54] 梁子谦, 李小军. 影响中国粮食生产的因子分析 [J]. 农业经济问题, 2006, 11: 19-22.

[55] 林毅夫. 我国粮食作物单产潜力与增产前景 [N]. 人民日报,

1995－2－27.

［56］林毅夫. 再论制度、技术与中国农业发展［M］. 北京：北京大学出版社，2000.

［57］刘斌，王秀东. 我国粮食“九连增”主要因素贡献浅析［J］. 中国农业资源与区划，2013，4：5－10.

［58］刘凌. 基于AHP的粮食安全评价指标体系研究［J］. 生产力研究，2007，12：58－60.

［59］刘睿. 粮食最低收购价格政策的经济学分析和效应评述［J］. 粮食科技与经济，2009，34，1：13－14.

［60］刘旭. 依靠科技自主创新提升国家粮食安全保障能力［J］. 科学与社会，2011，3：8－16.

［61］刘颖，许为，樊刚. 中国粮食安全储备最优规模研究［J］. 农业技术经济，2010（11）：83－89.

［62］刘玉满. 发达国家畜牧业发展趋势及启示［J］. 中国牧业通讯，2007，14：11－15.

［63］刘振伟. 我国粮食安全的几个问题［J］. 农业经济问题，2004，12：8－13.

［64］刘志雄. 工业化对粮食生产影响的实证研究［J］. 国土与自然资源研究，2004，4：35－37.

［65］龙方，曾福生. 中国粮食安全的战略目标与模式选择［J］. 农业经济问题，2008，7：32－38.

［66］龙方. 新世纪中国粮食安全问题研究［M］. 北京：中国经济出版社，2007.

［67］龙文军，李娜. 国外农业流通补贴的做法及其改革取向［J］. 世界农业，2004，12：21－24.

［68］卢纹岱. SPSS for Windows统计分析（第3版）［M］. 北京：电子工业出版社，2006.

［69］陆伟国. 我国粮食消费量中长期预测模型研究［J］. 统计研究，1996，4：50－54.

［70］陆文聪，黄祖辉. 中国粮食供求变化趋势预测——基于区域化

市场均衡模型［J］. 经济研究，2004，8：94－104.

［71］陆文聪，梅燕．收入增长中城乡居民畜产品消费结构趋势实证研究——以浙江省为例［J］. 技术经济，2008，2：81－85.

［72］罗良国，李宁辉，杨建仓．中国粮食供求状况分析［J］. 农业经济问题，2005，2：49－52.

［73］吕开宇，任爱胜，杨小琼．食物消费升级视角下的粮食安全内涵［J］. 农业系统科学与综合研究，2007，3：338－341.

［74］马博虎．我国粮食贸易中农业资源要素流研究［D］. 陕西：西北农林科技大学，2010.

［75］马九杰，孔祥智．粮食流通体制改革［M］. 广州：广东经济出版社，1999.

［76］马九杰，张象枢，顾海兵．粮食安全衡量及预警指标体系研究［J］. 管理世界，2001，1：154－162.

［77］马细兰．粮食安全视角下的有机、绿色农业可持续发展问题与对策［J］. 南方农村，2018，34（3）：31－33.

［78］马晓河，蓝海涛．中国粮食生产能力与粮食安全［M］. 北京：经济与科学出版社，2008.

［79］毛学峰，刘靖，朱信凯．中国粮食结构与粮食安全：基于粮食流通贸易的视角［J］. 管理世界，2015（3）：76－85.

［80］梅方权. 2020年中国粮食的发展目标分析［J］. 中国食物与营养，2009，2：4－8.

［81］孟凡琳．基于改进灰色模型的河南省粮食安全量化分析［D］. 河南：河南农业大学，2017.

［82］倪洪兴. OECD/FAO农业展望报告2009－2018［R］. 北京：农业部农业贸易促进中心，2010.

［83］聂振邦．高度重视粮食安全大力扶持粮食生产——加强粮食宏观调控保障国家粮食安全［J］. 财经界，2009，3：78－85.

［84］农村社会经济调查司．我国粮食安全评价指标体系研究［J］. 统计研究，2005，8：3－9.

［85］潘岩．关于确保国家粮食安全的政策思考［J］. 农业经济问题，

2009，1：25－28.

[86] 钱克明．进一步加强和完善农产品价格调控体系［J］．中国经贸导刊，2010，10：9－10.

[87] 宋戈，吴次芳，王杨．城镇化发展与耕地保护关系研究［J］．农业经济问题，2006，1：64－67.

[88] 孙玉吉，辛立秋．国外支持农民合作组织发展的经验及启示［J］．商业经济，2011，7：28－29.

[89] 唐风．新粮食战争［M］．北京：中国商业出版社，2008.

[90] 唐华俊，李哲敏．基于中国居民平衡膳食模式的人均粮食需求量研究［J］．中国农业科学，2012，11：2315－2327.

[91] 田野．关于粮食安全问题的几个认识误区［J］．中国农村经济，2004，3：64－68.

[92] 万宝瑞．深化对粮食安全问题的认识［J］．农业经济问题，2008，9：4－8.

[93] 王聪，王光红．农业机械化对我国粮食安全的影响研究［J］．黑龙江科学，2018，9（20）：156－157.

[94] 王大为，蒋和平．我国粮食安全与粮食储备关系研究——以玉米为视角［J］．河南工业大学学报（社会科学版），2016，12（4）：1－9.

[95] 王慧．河南省粮食生产能力的区域差异分析与协调发展策略［J］．经济经纬，2009，1：58－61.

[96] 王玫．中国粮食安全政策演变与绩效评价体系研究［D］．广东：广东海洋大学，2016.

[97] 王明华．对我国饲料粮供需形势的分析［J］．调研世界，2012，2：24－26.

[98] 王瑞峰，李爽．基于资源配置效率视角的我国粮食安全保障能力研究［J］．南方农业学报，2018，49（9）：1880－1886.

[99] 王秀东，王永春．基于良种补贴政策的农户小麦新品种选择行为分析——以山东、河北、河南三省八县为例［J］．中国农村经济，2008，7，24－31.

[100] 王雅鹏，叶慧．中西部城镇化加速期粮食安全长效机制研究

[M]. 北京: 中国农业出版社, 2008.

[101] 王耀鹏. 加大对现代粮食流通财政支持力度 [J]. 理论前沿, 2009, 19: 23-25.

[102] 王一飞. 粮食价格政策对中国粮食安全的影响研究 [D]. 北京: 北京交通大学, 2018.

[103] 卫龙宝, 张艳虹, 高叙文. 我国农业劳动力转移对粮食安全的影响——基于面板数据的实证分析 [J]. 经济问题探索, 2017 (2): 160-167.

[104] 魏方, 纪飞峰. 我国粮食生产与消费中长期情景预测及政策建议 [J]. 中国科技论坛, 2010, 2: 137-143.

[105] 温铁军, 刘怀宇, 李晨婕. "被动闲暇" 中的劳动力机会成本及其粮食生产的影响 [J]. 新华文摘, 2009, 4: 59-62.

[106] 吴天锡. 粮食安全的新概念和新要求 [J]. 世界农业, 2001, 6: 8-10.

[107] 武拉平. 中国农产品市场行为研究 [M]. 北京: 中国农业出版社, 2002.

[108] 鲜祖德, 盛来运. 我国粮食安全评价指标体系研究 [J]. 统计研究, 2005, 8: 3-9.

[109] 谢杰. 中国粮食生产影响因素研究 [J]. 经济问题探索, 2007, 9: 36-40.

[110] 辛贤, 谭向勇. 农产品价格的放大效应研究 [J]. 中国农村观察, 2000, 1: 52-57.

[111] 许世卫, 信乃诠. 当代世界农业 [M]. 北京: 中国农业出版社, 2010.

[112] 杨贵羽, 汪林, 王浩. 基于水土资源状况的中国粮食安全思考 [J]. 农业工程学报, 2010, 12: 1-5.

[113] 杨皓天, 刘秀梅, 句芳. 粮食生产效率的随机前沿函数分析——基于内蒙古微观农户层面 1312 户调研数据 [J]. 干旱区资源与环境, 2016, 30 (12): 82-88.

[114] 杨建利, 雷永阔. 我国粮食安全评价指标体系的建构、测度及政策建议 [J]. 农村经济, 2014, 5: 23-27.

[115] 杨磊．我国粮食安全风险分析及粮食安全评价指标体系研究［J］．农业现代化研究，2014，35（6）：696－702.

[116] 杨明洪．WTO与中国的粮食安全问题［J］．经济问题，2000，1：38－41.

[117] 姚成胜，滕毅，黄琳．中国粮食安全评价指标体系构建及实证分析［J］．农业工程学报，2015，31（4）：1－10.

[118] 叶晓云，孙强．以浙江省为例浅淡粮食产销区合作［J］．中国粮食经济，2004，5：49－50.

[119] 尹昌斌．政策性金融支持区域粮食安全体系建设［J］．中国农业资源与区划，2007，5：22－26.

[120] 尹成杰．关于“三化同步”推进的理性思考与对策［J］．农业经济问题，2011，11：8－12.

[121] 尹成杰．关于提高粮食综合生产能力的思考［J］．农业经济问题，2005，1：5－10.

[122] 尹成杰．粮安天下：全球粮食危机与中国粮食安全［M］．北京：中国经济出版社，2009.

[123] 翟虎渠．粮食安全的三层内涵［J］．中国粮食经济，2004，6：34.

[124] 张广翠．中国粮食安全的现状与前瞻［J］．人口学刊，2005，3：37－41.

[125] 张慧．基于生态视角的中国粮食可持续安全研究［D］．湖南：湖南大学，2017.

[126] 张蕙杰．加入WTO对我国粮食主产区农民收入的影响［J］．农业经济问题，2006，7：16－22.

[127] 张劲松，王雅鹏．中国粮食增产影响因素的实证分析［J］．湖北农业科学，2008，4：482－485.

[128] 张军．关于我国粮食产量波动缺口的研究——基于HP滤波的计量及政策分析［J］．乡镇经济，2008，6：87－90.

[129] 张启楠，张凡凡，陈学军．我国粮食主产区生产效率测算研究［J］．价格理论与实践，2018，9：155－158.

[130] 张瑞娟，武拉平．我国农户粮食储备问题研究［J］．中国农业大学学报，2012，17：176-181．

[131] 张淑荣，李慧燕．基于粮食产量与种粮收入的农业补贴结构灰色关联分析［J］．开发研究，2011，1：86-89．

[132] 张晓勇，李刚．上海市居民的农产品消费行为研究［J］．中国农村观察，2001，6：23-29．

[133] 张学军．流通贸易视角下中国粮食安全问题分析［J］．世界农业，2016，8：10-15+242．

[134] 赵波．困境与突破：构建我国粮食主产区农业现代化的长效机制［J］．华南农业大学学报，2010，2：43-50．

[135] 赵其国，周应恒，耿献辉．我国现代农业发展路线与发展战略［J］．生态环境，2008，27：1721-1727．

[136] 赵其国，黄季焜．农业科技发展态势与面向2020年的战略选择［J］．生态环境学报，2012，21：397-403．

[137] 中国农业科学院农业经济与发展研究所．中国农业政策分析与决策支持研究［M］．北京：科学出版社，2007．

[138] 钟甫宁，朱晶，曹宝明．粮食市场的改革与全球化［M］．北京：中国农业出版社，2004．

[139] 周博，翟印礼，钱巍，余志刚．农业可持续发展视角下的我国粮食安全影响因素分析——基于结构方程模型的实证分析［J］．农村经济，2015，11：15-19．

[140] 周博．基于农业可持续发展的我国粮食安全影响因素研究［D］．沈阳：沈阳农业大学，2015．

[141] 周慧秋．灰色模型GM（1，N）在东北地区粮食综合生产能力预测中的应用研究［J］．农业技术经济，2006，3：58-62．

[142] 周坚，张伟，陈宇靖．粮食主产区农业保险补贴效应评价与政策优化——基于粮食安全的视角［J］．农村经济，2018（8）：69-75．

[143] 周津春．农村居民食物消费的AIDS模型研究［J］．中国农村观察，2006，6：17-22．

[144] 朱晶等．“九连增”后的思考：粮食内部结构调整的贡献及未

来潜力分析［J］. 农业经济问题，2013，11：36－43.

［145］朱希刚. 中国粮食供需平衡分析［J］. 农业经济问题，2004，12：12－19.

［146］朱晓东. 对粮食法有关宏观调控制度的立法建议［J］. 中国粮食经济，2011，3：52－53.

［147］朱晓峰. 粮食主产区发展农业合作社的现实需求、经验借鉴与政策取向［J］. 调研世界，2006，3：10－14.

［148］朱泽. 中国粮食安全问题：实证研究与政策选择［M］. 武汉：湖北科学技术出版社，1998.

［149］宗锦耀. 加快推进农业机械化科学发展战略［J］. 农机市场，2009，11：22－26.

［150］宗义湘. 加入 WTO 前后中国农业政策演变及效果［M］. 北京：中国农业科学技术出版社，2007.

［151］宗义湘，李先德. 中国农业政策对农业支持水平的评估［J］. 中国软科学，2006，6：33－41.

［152］邹凤羽，国娜. 进一步完善粮食最低收购价政策的思考［J］. 农村经济，2009，11：14－16.

［153］2011 年中国水资源公报［EB/OL］. http：//www. mwr. gov. cn/zwzc/hygb/szygb/qgszygb/201212/t20121217_335297. html.

［154］2014 年政府工作报告［EB/OL］. http：//www. gov. cn/2014lh/2014－03/05/content_2629525. html.

［155］Brown L. R. Who Will Feed China：Wake-up Call For a Small Planet［M］. Norton, New York, 1995：150－163.

［156］Burfisher et al. Agricultural Policy Reform in the WTO：The Road Ahead, Agricultural Economic Report Number 802, USDA（2001）.

［157］Chern W. S. "Estimated Elasticity of Chinese Grain Demand：Review, Assessment and New Evidence." A report submitted to the World Bank, 1997.

［158］Chern W. S. and Wang G. "The Engel Function and Complete Food Demand System for Chinese Urban Households." China Economic Review,

1994, 4 (1): 35 – 57.

[159] Cheng F. and Orden D. Exchange Rate Misalignment and Producer Support Estimates (PSEs) of China. Paper presented at the Symposium on "China's Agricultural Trade: Issues and Prospects" International Agricultural Trade Research Consortium. 2007.

[160] Chen J. Rapid urbanization in China: A real challenge to soil protection and food security. Catena, 2006, 69 (1): 1 – 15.

[161] Chen G. Q., Jiang M. M. and Chen B. Energy analysis of Chinese agriculture. Agriculture, Ecosystems and Environment, 2006, 115: 161 – 173.

[162] Christiansen, F. Food security, urbanization and social stability in China. Journal of Agrarian Change, 2009, 9 (4), 548 – 575.

[163] Cooper A., Shine T., McCann T. An ecological basis for sustainable land use of Eastern Mauritanian wetlands. Biological conservation, 2006, 67 (1): 116 – 141.

[164] Cramer G. L., Heid. W. G. Grain Marketing Economics. John Wilegsl sons. Ine, 1993.

[165] De Gorter H. Market Access, Export Subsidies and Domestic Support Measures: Issues and Suggestions for New Rules. The Conference on Agriculture and New Trade Agenda in the WTO 2000 Negotiations, 1999.

[166] De Gorter H. and Ingco M. The AMS and Domestic Support in the WTO Trade Negotiations on Agriculture: Issues and Suggestions for New Rules. Working Paper, World Bank, 2002.

[167] Diao X., Fan S. and Zhang X. China's WTO accession: impacts on regional agricultural income, a multi-region, general equilibrium analysis. Journal of Comparative Economics, 2003, 31 (2): 332 – 351.

[168] Durst. R. L. Effects of reducing the income cap on eligibility for farm program payments [Electric version]. USDA Economic Information Bulletin Number 27, September, 2007.

[169] Du Y., Sun B., Fang B. The Review and Reflection of Chinese New Agricultural Subsidy System. Journal of Politics and Law, 2011, 4: 132 – 137.

[170] Dyck, J. Japan's Changing Agricultural Policies. Agricultural Outlook, 2001: 14 - 19.

[171] Fan S., Pardey P. G. Research, Productivity, and output growth in Chinese agriculture. Journal of Development Economics, 1997, 53 (1): 115 - 137.

[172] Fran ois J. F., Reinert K. A. Applied Methods for Trade Policy Analysis: A Handbook. Cambridge, England. Cambridge University Press, 1997.

[173] Gale F., Lohmar. and Tuan F. China's New Farm Subsidies. WRS - 05 - 01, ERS USDA. 2005.

[174] Ge F., Huang J., Mu Y. Comparative Analysis on the Effects of Income Structure on Consumption Level of Rural Residents in Eastern and Western China: A Case Study on Jiangsu and Xinjiang Provinces. Asian Agricultural Research, 2009.

[175] Gorton M., Douarin E., Davidova S. and Latruffe L. Attitudes to Agricultural policy and farming futures in the context of the 2003 CAP reform: A comparison of farmers in selected established and new Member States. Journal of Rural Studies, 2008, 24 (3): 322 - 336.

[176] Guyomard H. and Lemouel C. The AMS and Domestic Support in the WTIO Trade Negotiations on Agriculture: Issues and Suggestions For new Rules. The Word Bank, 2002.

[177] Horridge M. and Wittwer G. SinoTERM, a multi-regional CGE model of China. China Economic Review, 2008, 19: 628 - 634.

[178] Horridge M. and Wittwer G. The economic impacts of a construction project, using SinoTERM, a multi-regional CGE model of China, Centre of Policy Studies Working Paper G-164, 2007.

[179] Huang J., Rozelle S., Martin W. and Liu Y. Distortions to Agricultural Incentives in China. Working Paper, World Bank, 2007.

[180] Hu D. P. Trade, rural-urban migration, and regional income disparity in developing countries: a spatial general equilibrium model inspired by the case of China. Regional Science and Urban Economics, 2002, 32: 11 - 338.

[181] Jean O. Fiscal Reform and The Economics Foundations of Local

State Corporatism in China . World Politics, 1992.

[182] Jeffrey M. W. Econometric Analysis of Cross Section and Panel Data. Massaclzusetts Institute of Technology Press, Cambridge, 2002.

[183] Jensen. E. The Farm Credit System as a Government-sponsored Enterprise. Review of Agricultural Economics, 2000.

[184] Johnston B. F. Agriculture and Structure Trans Formation. Oxford University Press, 1984.

[185] Johnston B. F. and Mellor J. W. "The Role of Agriculture in Economic Development," American Economic Review, 51 (4): 566 – 593.

[186] Johnson. D. G. Agricultural Adjustment in China. Problem and Prospects. Population and Development Review, 2002 (6).

[187] Kennedy E. , Peters P. Household food security and child nutrition: the interaction of income and gender of household head. World Development, 1992 (20).

[188] Kennedy L. , Brink L. , Dyck J. and MacLaren D. Domestic Support: Issues and Options in the Agricultural Negotiations. IATRC Commissioned Paper No. 16, 2001.

[189] Kuznet S. Economic growth of nations: total output and production structure. Belknap Press of Harvard University Press, 1971: 12 – 65.

[190] Leicester A. , Oldfield Z. An analysis of consumer panel data. IFS Working Paper W09/09.

[191] Lester B. Who will feed China. World Watch, 1994 (9).

[192] Linnemann H. "An econometric study of international trade flows", Amsterdam: North-Holland Publishing Company, 1966.

[193] Liu K. E. "Food Demand in Urban China: an Empirical Analysis Using Micro Household Data." Ph. D. Dissertation, Department of Agricultural, Environmental, and Development Economics, The Ohio State University, 2003.

[194] Lu H. and Daniel E. Campbell. Ecological and economic dynamics of the Shunde agricultural system under China's small city development strategy. Journal of Environmental Management, 2009, 90: 2589 – 2600.

[195] Maxwell S. , Frankenberger T. Household Food Secirity: Conceptis, Indicators, Measurements, A Technical Review. UNICEF, New York and IFAD, Rome, 1992.

[196] Miner W. M. An Overview of the Issues and Positions of the Major Countries in the WTO Negotiations. Canadian Agri-Food Trade Research Network Workshop, 2000.

[197] Moore M. WTO and the New Round of Trade Talk. Presented at the 14th General Meeting of the Pacific Economic Cooperation Council, Hongkong, 2001.

[198] Murphy R. and Johnson D. Education and development in China-Institutions, curriculum and society. International Journal of Educational Development , 2009, 29: 447 –453.

[199] Orden D. , Blandford D. and Josling T. , ed. WTO Disciplines on Agricultural Support: Seeking a Fair Basis for Trade . Cambridge University Press, 2011.

[200] Patton M. , Kostov P. , McErlean S. , Moss J. Assessing the influence of direct payments on the rental value of agricultural land. Food Policy, 2008, 32 (5): 397 –405.

[201] Pardey F. S. Research Productivity and Output Growth in Chinese Agricultural. Journal of Development Economics, 1997.

[202] Pinstrup A. P. , Caicedo E. The Potential Impact of Changes in Income Distribution on Food Demand and Human Nutrition. American Journal of Agricultural Economics, 1978 (60).

[203] Podbury T. , Roberts I. Opening Agricultural Markets through Tariff Cuts in the WTO, ABARE eReport 03, 2003.

[204] Quisumbing A. Women's status and the changing nature of rural livelihoods in Asia. Conference Paper, Manila, Philippines, 2007.

[205] Shaikh Determinants of household food security and consumption pattern in rural Sindh: An application of non-separable agricultural household model. Conference Paper, Spain, 2007.

[206] Sharma T., Carmichael J. and Klinkenberg B. Integrated modeling for exploring sustainable agriculture futures. Futures, 2006, 38: 93-111.

[207] Smith L., Obeid A., Jensen H. The geography and causes of food insecurity in developing countries. Agricultural Economics, 2000 (22).

[208] Solot I. The Chinese Agricultural Policy Trilemma. Perspectives, 2006, 7 (1): 36-46.

[209] Solow R. M. Technical change and the Aggregate Production Function. The Review of Economics and statistics, 1997, 39 (3): 312-320.

[210] Veronika P. Z. From subsistence farming towards a multifunctional agriculture: Sustainability in the Chinese rural reality. Journal of Environmental Management, 2008, 87: 236-248.

[211] Wu Y., Li E. and Samuel S. N. "Food Consumption in Urban China: An Empirical Analysis." Applied Economics, 1995, 27: 509-515.

[212] Young E., Burfisher M., Nelson F. and Mitchell L. Domestic Support and the WTO: Comparison of Support Among OECD Countries.

[213] Young E. C., Mark G., Nelson F., Burfisher M. and Mitchell L. Options for Reducing the Aggregate Measurement of Support (AMS) in OECD Countries. Agricultural Policy Reform in the WTO: The Road Ahead, Economic Research Service, U. S. Department of Agriculture. Agricultural Economic Report, 2001, 802: 70-79.

[214] Yusuf F., Brooks G. Demographics and Consumption Patterns in Urban China. Popul. Res. Policy Rev, 2010, 29: 5-17.

[215] Zhang B. and Zhang Y. A quantitative evaluation system of soil productivity for intensive agriculture in China. Geoderma, 2004, 123: 319-331.

[216] Zilberman D., Khanna M., Lipper L. Economics of New Technologies for Sustainable Agriculture. The Australian Journal of Agricultural and Resource Economics, 1997, (41).

**图书在版编目（CIP）数据**

新时期我国粮食安全问题研究：基于“四化同步”背景／闫琰著．—北京：经济科学出版社，2018.12

（“三农”若干问题研究系列）

ISBN 978-7-5218-0109-5

Ⅰ．①新…　Ⅱ．①闫…　Ⅲ．①粮食问题-研究-中国　Ⅳ．①F326.11

中国版本图书馆 CIP 数据核字（2018）第 292202 号

责任编辑：齐伟娜　刘　颖
责任校对：李　建　杨　海
责任印制：李　鹏

**新时期我国粮食安全问题研究**
——基于“四化同步”背景
闫琰／著
经济科学出版社出版、发行　新华书店经销
社址：北京市海淀区阜成路甲 28 号　邮编：100142
总编部电话：010-88191217　发行部电话：010-88191540
网址：www.esp.com.cn
电子邮箱：esp@esp.com.cn
天猫网店：经济科学出版社旗舰店
网址：http://jjkxcbs.tmall.com
北京季蜂印刷有限公司印装
710×1000　16 开　11.25 印张　160000 字
2018 年 12 月第 1 版　2018 年 12 月第 1 次印刷
ISBN 978-7-5218-0109-5　定价：39.00 元
**（图书出现印装问题，本社负责调换。电话：010-88191510）**